KB074729

광화문 괴담

일러두기

1. 본문에 나오는 날짜는 갑오개혁에 의해 양력을 채택한 1895년 이전은 음력, 이후는 양력입니다. 특별한 경우에는 해당 부분에 음·양력임을 밝혔습니다.

2. 출처 표기가 없는 사진은 필자가 촬영한 사진입니다.

3. 출처가 중요한 인용문은 '＊'표로 주석을 달고 본문 아래 각주로 처리했습니다.

4. 근세 중국 지명 및 인명 표기는 국립국어원 규정 대신 독자에게 익숙한 기존 관행을 따랐습니다. 예컨대 '위안스카이' → '원세개', '마오저뚱' → '모택동' 등.

5. 7장 「총독부가 경희궁을 없앴다고?」는 졸저 『땅의 역사 5: 흑역사』(상상출판, 2021), 14장 「의병장 최익현이 대마도에서 아사순국했다고?」는 『땅의 역사 3: 군상』(상상출판, 2021), 19장 「베트남 호찌민이 《목민심서》를 읽었다고?」는 『땅의 역사 4: 진실』(상상출판, 2021)에 실린 글을 보충해 재수록했습니다.

6. 최대한 오류가 없도록 노력했지만 향후 오탈자와 날짜, 출처에 오류가 발견되면 유튜브 '박종인의 땅의 역사' 채널 '커뮤니티' 포스트를 통해 정정하겠습니다.

광화문 괴담

오류와 왜곡에 맞서는 박종인 기자의 역사 전쟁

박종인 지음

와이즈맵

괴벨스를 위한 변명

이 책은 21세기 대한민국에 떠도는 열일곱 가지 괴담怪談을 담고 있다. 괴담은 말 그대로 '괴상한 이야기'다. 〈괴벨스를 위한 변명〉이라는 개떡 같은 제목을 가진 이 글 역시 그 가운데 하나다. 반드시 이 글을 '끝까지' 읽어주시기 바란다.

도깨비나 유령에 관한 이야기도 괴담이다. 글자를 모르는 아이들이 제일 즐기는 이야기도 괴담이다. 다 큰 대학생들이 떼로 여행 가서 밤에 하는 이야기도 괴담 시리즈다. 괴담은 재미있다. 잘 짜인 스토리보드와 적당한 반전과 소름끼치는 결론이 융합해 듣는 이 혹은 읽는 이를 흥분하게 만든다. 좋은 소설이나 드라마, 영화는 군더더기 없이 깔끔하다. 도입부터 결론까지 미리 만든 각본 속에서 주연과 조연, 배경과 시대를 종횡무진하며 스토리가 이어진다. 불필요한 요소는 애시당초 없다. 이게 왜 여기 나오지, 하는 의문도 결론에 이르면 미리 깔아놓은 복선임이 밝혀진다. 그래서 괴담은 재미있다. 훌륭한 소설은 재미있다. 드라마도 재미있고 영화도 재미있다. 소설은 각본에 재미있으라고 집어넣은 살들이다. 재미가 없을 수가 없다.

그런데 진실眞實은 그렇지 않다. 재미가 없다. 극적이지도 않다. 느슨하다. 무질서하게 널려 있는 돌 더미와 철근 덩어리처럼, 철거당한 폐가 속에서 사실들을 하나하나 주워서 재구성해야 진실은 보인다. 지저분해서 보기도 싫은 데다, 본다고 하더라도 재구성 따위 노력은 하기 싫다. 그게 진실이다. 따라서 사람을 감동시키는 드라마틱한 진실, 극적인 역사歷史는 의심해야 한다. 이거, 괴담 아닐까. 가짜뉴스가 아닐까, 하고.

또 그런데, 우리는 그런 괴담 같은 역사에 홀린다. 극적이고 감동적이니까. 악당과 영웅과 난세와 태평성대에 대한 소설 같은 이야기들에 우리는 감동하고, 그래서 그 이야기들을 신뢰한다. 괴담이 됐든 진실이 됐든, 이제 '사실事實(Fact)'이 아니라 '감동' 여부가 역사를 대하는 기본적인 기준이 돼 버린다.

괴벨스의 미학, 거짓말

큰 거짓말을 반복하면 대중은 결국 믿게 된다.

If you tell a lie big enough and keep repeating it, people will eventually come to believe it.

더 간단한 인용구도 있다.

거짓말을 오래 하게 되면 진실이 된다.
If you tell a lie long enough, it becomes the truth.

그 이름도 유명한 나치 독일 국가대중계몽선전장관 요제프 괴벨스Joseph Goebbels(1897~1945)가 남긴 명언이다. 괴벨스는 제2차 세계대전 말기인 1945년 4월 30일 권총자살한 나치 독일 총통 아돌프 히틀러 유언에 따라 후임 총통에 임명됐다. 그리고 다음 날 가족들과 동반자살했다. 일주일 뒤 나치는 연합군에 무조건 항복했다.

그때까지 나치를 떠받쳐준 힘은 군사력과 선동력이었다. 독일이라는 공동체 내부에 적을 만들어 적대감을 결집시켜 타도하고, 잔여 공동체 구성원을 또 분열시켜 적을 만들어 타도하며 세력을 강화했다. 외부적으로는 이들을 동원해 만든 군사력으로 제3제국 영역을 확장해갔다. 폴란드가 독일 소수민족을 탄압한다고 선동해 폴란드 침공을 합리화했고 영국 군함을 격침시킨 뒤 영국 총리 처칠이 시한폭탄으로 침몰을 시도했다고 독일 국민들을 선동해 전쟁을 정당화했다. 그 모든 거짓말들이 정교한 프레임 속에 진행됐다. 대다수 독일 국민은 괴벨스가 한 모든 거짓말을 진실이라 믿었다. 심지어 전쟁 말기 패전이 사실화됐음에도 사람들은 승리를 확신했다.

이세 다 거짓말이 가신 힘이다. 특히 '전문가에 의해' '반복되고' '오래된' 거짓말은 거짓말이라고 입증하기가 불가능에 가깝다. 진실이 된다. 그래서 가짜뉴스나 선전·선동이 가지는 힘을 이야기할 때는 괴벨스가 빠지지 않는다.

이 땅에는 괴벨스가 없는가? 대한민국과 그 전 시대 역사에 대해서 괴벨스 같은 전문가가 반복해서 오래도록 거짓말을 해서 진짜처럼 만들어버린 그런 괴담은 없는가.

'역신뢰逆信賴의 역설'과 대한민국 근대사

구한말부터 해방 때까지 대한민국 건국 전 근대사는 사연이 많다. 그 근대사에서 조선, 대한제국과 함께 주인공 역할을 했던 나라가 일본이다. 싫든 좋든 인정할 수밖에 없는 역사적 사실이다. 그리고 조선은 패했고 식민지로 추락했고 전쟁에 휩싸였고 그 나락 속에서 부활해 21세기를 살고 있다. 그래서 '일본만 아니었으면'이라는 가정법이 무의식적으로 우리 대중 뇌리에 심어져 있다. 100년 일찍 잘 나갈 수 있었던 우리였는데 '그놈의 왜놈' 때문에 근대화가 지연됐다는 심리다.

근대사 연구에서 가장 쉽게 빠질 수 있는 오류가 '역신뢰逆信賴 (Reverse Credibility)의 역설'이다. 어떤 뉴스 주인공이 가지고 있는 '부정적인 이미지(Negative ethos)'가 오히려 그 뉴스 주인공에게 신뢰를 주게 되는 역설이다.* 한국사에서는 역신뢰의 역설이 심각하다. '근대사에서 벌어진 크고 작은 문제는 일본이라는 악마(Demon)가 원인'이라고 몰아붙이면 웬만한 대중적인 논쟁은 종식되고 공감대가 형성돼 버린다. "총독부는 악마 그 자체"라고 얘기할 때 이를 부정하는 사람은 총독부와 동급으로 악마로 지탄받는다. 그래서 입은 닫히고 논쟁은 거기서 멈춘다. 웬만한 오류와 잘못은 일본과 총독부에 책임을 돌리면 대개 공감을 얻는다. 왜? 일본과 총독부는 바로 그 '웬만한 오류와 잘못'이라는 악행을 충분히 저지르고도 남을 악마들이니까!

이게 한국 근대사에 조악하고 편협한 가짜뉴스와 괴담이 횡행하게 된 근본적인 이유다. 역신뢰의 역설에 빠진 대중은 너무도 강력하다. 양심적인 많은 학자들은 입을 다문다. 몰양심적이고 게으른 학자들은 더 많은 사료를 뒤지는 대신 '추정' 혹은 '틀림없다'까지 가는 단정적 선언으로 많은 근대사 상처 책임을 일본에게 돌린다.

'역적 이완용이 "선한 전쟁보다 악한 평화가 좋다"고 말했다'면서 이를 대중매체 칼럼과 정쟁政爭 도구와 청소년을 위한 강연에 인용하는 사람들도 괴담가들이다. 이 말은 이완용이 아니라 기원전 로마 정치인 키케로Marcus Tullius Cicero(기원전 106~43)가 한 말이다.[**] 이완용은 악의 화신이고, 이완용이 아니고는 "항일 투쟁보다 나라 팔아

* Quentin J. Schultze & Randall L. Bytwerk, 〈Plausible Quotations and Reverse Credibility In Online Vernacular Communities〉, 《A Review of General Semantics》 Vol. 69, No.2, Institute of General Semantics, 2012, p.221: 원문은 'Credibility conferred on a speaker or writer because of the alleged reference's negative ethos'
** Cicero, 『Letters to Atticus』 Volume 4, Cambridge University Press, 2004, p.21

먹고 편히 사는 게 좋다"고 말할 사람이 없나는 역신뢰의 역설을 적극 활용한 가짜뉴스다. 이완용은 그런 말을 한 적이 없다.

그리하여 그 모든 가짜들이 진실이 되었다. 괴벨스 말대로 '전문가가' '반복해서' '오래' 내뱉은 거짓말이 진짜 뉴스와 진짜 역사가 되었다. 진실은 쫓겨나고 괴담이 진실 이름표를 달고 대중에게 자랑스럽게 인사를 하는 세상이 되어 버렸다.

괴벨스적 영웅담

'괴벨스스럽다'라는 표현 반대편에는 영웅담이 있다. 영웅담은 미학적이고 미화적이다. 서사가 있고 감동이 있고 그래서 뭉클하다. 영웅은 여러 분야에 존재한다. 문화 분야에서 대표적인 영웅은 추사 김정희다. 김정희는 '명필가요 명문장가요 뛰어난 정치가며 예절바르고 인격적으로도 완성된 위인'이다. 아니, '이어야 한다'라고 사람들은 믿는다. 김정희를 비난하는 글과 주장은 가짜뉴스고 이를 퍼뜨리는 사람은 반反 문화적인 무식한 자로 낙인찍힌다.

세종대왕과 이순신 장군과 다산 정약용과 개그맨 유재석은 금기라는 우스개가 있다. 함부로 비판하거나 비난하면 위태롭다는 뜻이다. 그래서 김정희는 역사적 인물이 아니라 역사적 권력이다. 세종도 그러하고 정약용도 그러하다. 김정희와 세종과 정약용을 찬양하는 사람들은 전문가로 인정받는다. 그 전문가들은 이제 스스로 권력자가 된다.

"전설도 사람들이 믿으면 사실이 된다?"

이렇게 말한 사람은 독일사람 요제프 괴벨스가 아니라 한국사람 유홍준이다. 맞다, 전 문화재청장이고 《나의 문화유산답사기》라는 불후의 명작을 저술한 그 사람이다. 여러 경로를 통해 유홍준은 이렇게 설파했다.

"전설도 사람들이 믿으면 사실이 된다. 굳이 '전설에 따르면'이라고 붙일 이유가 없다." 셀 수 없이 많은 저작과 강연 중에서 그는 이렇게 말했다. 한두 번도 아니고 여러 번. 필자와 전화통화에서도 똑같은 말을 했다.

'거짓말도 반복하면 사실이 된다'는 괴벨스 말은 워낙 유명하니 모를 리 없으리라. 그럼에도 불구하고 이런 말을 했다면 '전설도 사람들이 믿게 되면 사실이 된다는 신념의 소유자'라는 뜻이다. 사실 여부와 상관없이 전설을 거듭 말하면 사람들이 믿게 되고 그 믿어진 전설(근거가 있든 없든)이 사실을 대체해도 무방하다고 생각하거나 대체하기를 기대한다는 뜻이다. 전설이 사실을 이기는 것이다. 그래서? 재미와 교훈은 찬란하게 빛나고 진실은 '사망'한다.

한 시대 지성을 책임지는 지식인이라면 전설이 진실이 되기 전에 괴담을 무너뜨려야 옳다. 문화적 영향력이 대한민국 내 순위를 다투는 명사요 전문가라면 해서는 안 될 언사이고 품어서는 안 될 위험한 발상이다.

괴담과 진실 사이

그렇게 진실이라고 확정돼 버린 역사적 가짜뉴스를 필자는 '괴담怪談'이라고 규정했다. 전설·설화처럼 그냥 듣고 넘어갈 옛날이야기가 아니다. 대한민국 사람이라는 정체성을 형성하는 데 압도적인 영향력을 미친 가짜뉴스들이 필자가 말하는 '괴담'이다. 스스로 권력자가 돼 버린 전문가들이 무책임하게 유통시킨 가짜뉴스들이다.

그래서 그 위험한 발상이 유포한 '추사 김정희 괴담'을 소개했다. '자꾸 믿게 만들어서 결국 진실처럼 돼 버린' 대표적인 괴담이다. 이 가짜뉴스 생산자는 추사 김정희 전문가, 전 문화재청장 유홍준이다. 베트남 민족영웅 호찌민이 정약용이 쓴 《목민심서》 애독가였다는 가짜뉴스도 소개했다. 이 가짜뉴스 생산자는 정약용 전문가인 다산연구소 이사장 박석무와 시인 고은이다.

역시 전문적인 무지함과 조급함과 공명심이 초래한 서울 용산공원 '일본군 군마 위령탑 괴담'에 대해서도 이야기했다. 조선 왕조가 500년 동안 하늘에 제사지내던 제단 흔적이라고 전문가들이 주장한 돌덩이들이 알고 보니 이 땅을 점령한 일본군 군용 말 위령탑이었다.

전설과 괴담 가운데 대한민국에 아직도 위력을 발휘하는 담론이 '풍수'다. 풍수가 실존하든 말든 상관하지 않겠다. 이 책에서는 조선 왕국 수도 한성(조선시대 서울 이름은 한양이 아니라 한성이다)을 풍수로 입지를 선정하고 도시계획 또한 풍수를 기준으로 했다는 괴담을 소개했다. 읽어보면 알겠지만, 괴담이다. 그런데 서울시든 대한민국 정부든 웬만한 학자든 '한양 풍수 괴담'을 '1+1=2'와 같은 의심할

여지없는 절대적 진리라고 주장하고 모든 정책을 입안하고 시행해 왔다.

대표적인 정책이 지금 대한민국 공화국 수도 서울 한복판을 뒤집어엎고 자리 잡은 광화문광장이다. 풍수로 광장을 이룩한 그 괴담 생산 및 유포자는 대한민국 대표 건축가 승효상이다. 광장이 다 완성될 때가 되자 그는 "풍수는 잘 모른다"고 또 말을 바꿨다.

애국적 영웅담 또한 경계 대상이다. 구한말 위정척사파 면암 최익현이 대마도에서 단식 투쟁 끝에 4개월(자그마치 4개월!)만에 순국했다는 초능력적인 서사. 헤이그 밀사 이준이 만국 대표들 앞에서 단검으로 배를 가르고 창자를 흩뿌리며 독립을 외치다 죽었다는 소설보다 극적인 이야기. 식민시대 조선 민중으로 하여금 항일 의지를 불태우며 독립을 염원케 한 이 두 영웅담이 사실은 당시 애국심에 불탄 조선 언론이 퍼뜨린 조작·가짜뉴스라면 어떡할 것인가. 감동은 파괴되지만, 아쉽게도 가짜뉴스다.

괴벨스를 위한 변명

이제 괴벨스를 위해 변명을 해보자. 괴벨스가 "거짓말을 반복하다 보면 결국 진실이 된다"라고 주장했다는 말은 그 자체가 괴담이다. 괴벨스는 이 말을 한 적이 없다. 이는 나쁜 주장은 나쁜 놈이 했으리라고 믿는 확증편향이 만들어낸 가짜뉴스다. 괴벨스가 남긴 그 어떤 저작과 연설문에도 이 문장은 나오지 않는다. 1941년 1월 12일 괴벨스는 〈Aus Churchills Lügenfabrik(처칠의 거짓말 공장에 대하여)〉라는 논문에서 이렇게 주장했다.

영국놈들은 "거짓말을 하려면 제대로 해야 하고 끝까지 진짜라고 우겨야 한다"라는 원칙을 추종한다. 아무리 꼴 때리게 들리는 한이 있더라도 그자들은 끝까지 거짓말을 한다(The English follow the principle that when one lies, one should lie big, and stick to it. They keep up their lies, even at the risk of looking ridiculous).

독일어 원문은 아래와 같다.

Die Engländer gehen nach dem Prinzip vor, wenn du lügst, dann lüge gründlich, und vor allem bleibe bei dem, was du gelogen hast! Sie bleiben also bei ihren Schwindeleien, selbst auf die Gefahr hin, sich damit lächerlich zu machen.[*]

괴벨스는 죽을 때까지 본인과 나치 제국이 진실을 추구한다고 믿었다. 오히려 영국이 거짓말을 남발해 제국 가치를 떨어뜨린다고 생각했다. '큰 거짓말' 운운하는 위 문장은 괴벨스가 죽고 나서 50년이

* Joseph Goebbels, 〈Aus Churchills Lügenfabrik(처칠의 거짓말 공장에 대하여)〉, 《Die Zeit ohne Beispiel: Reden und Aufsätze aus den Jahren 1939/40/41(전례 없는 시대: 1939년~1941년 연설과 논설)》, 국가사회주의 독일노동자당 중앙출판국(Zentralverlag der NSDAP)(1941, 뮌헨), p365

지나 인터넷이 대중화되면서 생겨난 가짜뉴스에 불과하다. 2002년에 12개 사이트에 등장한 이 '거짓말 명언'은 2008년 1만 4,000개 사이트에 인용되더니 2011년 12월에는 자그마치 50만 개 사이트에서 괴벨스가 한 말로 확정돼 인용됐다. 그 어느 인용에도 출처는 없었다.*

자기 선동이 거짓말이라고 자백하는 선동 전문가가 어디 있겠는가. 상식적으로 생각하면 지극히 의문스러운 괴벨스답지 않은 언행이지만, 우리는 그렇게 역신뢰의 늪에 빠져 즐겁게 괴벨스를 인용한다. 정말 괴벨스가 아니면 이런 발상을 할 놈이 없으리라 싶을 정도로 괴벨스적인 주장이니까. 우리 호모 사피엔스들은 귀가 얇고 뇌주름은 밋밋하다. 딱 괴벨스스러우니까 믿는 것이다. 우리는 그런 괴담시대에 살고 있다.

그러니 "전설도 사람들이 믿으면 사실이 된다"라고 한 한국 전문가는 이 수사법이 괴벨스 말과 유사하다고 해서 죄의식을 느낄 필요는 없겠다. 만일 그렇다면 지우개로 사람을 찔러놓고 칼로 찌른 줄 알고 느낄 불가능한 죄책감이니 그럴 필요 없다.

그래서 《톰 소여의 모험》을 쓴 미국 소설가 마크 트웨인이 일찍이 이렇게 설파했다.

"진실이 막 신발을 신고 있을 때 거짓말은 지구를 반 바퀴 돌 수 있다(A lie can travel halfway around the world while the truth is putting on its shoes)."

* Quentin J. Schultze & Randall L. Bytwerk, 앞 논문, pp.221, 222

마지막으로, 이 유명한 명언을 기억하는 독자들께 죄송하지만 마크 트웨인은 이런 말을 한 적이 없다.* 이는 찰스 스퍼전이라는 영국 목사가 한 말이다. 이렇듯 괴담을 묻고 따블로 괴담을 치는 그런 시대에 우리가 살고 있다. 이제 책 읽을 준비가 되셨는가.

* Quentin J. Schultze & Randall L. Bytwerk, 앞 논문, p.231: 논문에 따르면 이 말은 1859년 마크 트웨인과 동시대에 살았고 트웨인보다 덜 유명한 찰스 스퍼전 Charles H. Spurgeon이라는 영국 목사가 '옛 속담'을 인용해서 한 말이다. 인터넷에는 43만 5,000개 사이트가 출처 없이 마크 트웨인이 한 말이라고 인용했고 600개 사이트가 스퍼전이 쓴《Gems from Spurgeon》(1859)이라는 설교집에서 나온 말이라고 출처를 밝혔다.

1장

청와대가
천하 명당이라고?

———————— ❀ ————————

가짜뉴스를 만들어서라도
가지고 싶었던, 권력

청와대 터가 예로부터 명당이라는 것은 이곳에서 발견된 '天下第一福地(천하제일복지)'라는 문구에서도 엿볼 수 있다. 1990년 노태우 대통령 시절 현재의 본관 집무실이 공사를 진행할 때 북악산 기슭 암벽에서 발견됐다. 그 기원을 알 수 없지만 이 '천하제일복지'란 언급은 청와대 풍수에 대한 관심을 다시 불러일으켰다. (중략) 그렇다면 청와대 풍수의 핵심은 어디일까. 김두규 교수는 "현 수궁터, 청와대 구본관이 있던 자리가 중출맥의 기세가 온전히 전해진 진혈 자리에 해당된다"면서 "주산(북안산)에서 내려온 내룡이 내려앉은 곳"이라고 했다. 현재 이곳에는 천하제일복지라는 표지비석이 있고, 야트막한 동산이 조성돼 있다.(2022년 5월 31일 〈매일경제〉 '풍수학자 김두규 교수와 청와대 가보니… 북악산 기운 꿈틀대는 龍脈')

'天下第一福地(천하제일복지)'는 흥선대원군이 만든 가짜뉴스!

우리의 괴담은 청와대에서 시작한다. 청와대 이야기를 하려면 '한양 천도'에 대해 이야기해야 한다. 이에 대해서는 다음 장부터 세밀하고 적나라하게 말하기로 한다. 조선 수도 한성도, 육조거리도 풍수지리라는 주술과는 무관하게 입지가 선정됐고 설계됐고 건설됐다. 이미 완성된 기성품을 더 그럴 듯하게 만들기 위해 풍수와 도참이 동원된 것이다. 풍수라는 주술은 나라가 공화국으로 바뀌고 한참이 지난 21세기에도 여전히 기승을 부린다. 그 대표적인 기성품이 바로 청와대, 옛 권력의 공간이다. 청와대가 명당이네 아니네, 그래서 역대 권력자들 말로가 어찌 되었네 따위 그럴 듯한 괴담이 진실인양 대중을 호도하고 객관을 쫓아내는 이 현실을 도대체 어찌할 것인가.

바위에 새겨진 여섯 자 '천하제일복지'

2022년 5월 개방된 청와대 옛 대통령 관저 뒷산 절벽에는 큼직한 글자 여섯 개가 새겨져 있다. '天下第一福地(천하제일복지)'. 끝에는 '延陵鳴据(연릉오거)'라고 작은 글씨가 희미하게 보인다. 과연 무엇인가. 1990년 청와대 신축공사 과정에서 발견된 이 글자는 세간에서 떠돌던 소문 하나를 입증해줬다. '청와대 자리는 예로부터 명당이다.' 이 자리가 명당임을 아주 옛 사람들이 알아보고 이를 바위에 새겨놨다는 것이다. 하지만 무시무시한 권력자가 독차지한 폐쇄된 공간인지라 사람들은 이를 눈으로 확인할 길이 없었다.

청와대 개방 후 이 글자가 만천하에 공개됐다. 자연스럽게 이 여섯 글자에 대한 호기심도 폭발했고 "과연 청와대 자리는 명당"이라며 여러 이야기가 쏟아졌다.

청와대 터가 예로부터 명당이라는 것은 이곳에서 발견된 '천하제일복지'라는 문구에서도 엿볼 수 있다. 와서 보니 청와대 일대는 길지라고 보는 것이 맞는다.[1]

병자호란 이후 청국 체류의 경험이 있는 소현세자나 봉림대군이 관여한 것으로 추정된다.[2]

풍수지리에서 말하는 최고 명당이란 의미다. 고려 때 새긴 것으로 추정되는 표석은 노태우 정부 시절인 1990년 청와대 관저 신축공사 중 발견됐다.[3]

좋은 말씀 해주신 분들에게는 죄송하지만, 결론부터.

이 여섯 글자를 새긴 시기는 구한말 19세기다. 1592년 임진왜란 때 불탄 궁궐을 흥선대원군이 중건하던 즈음에 누군가가 새긴 글자다. 이미 1990년 글자가 발견될 당시 결론이 난 사안이다. 그런데 호사가들은 "한양이 풍수에 따라 수도로 결정됐고 경복궁이 그 중심"이라는 풍수설 근거로 다시 이를 들먹인다. 하지만, 괴담이다. 사실과 사실에 근거한 합리적인 추정을 통해 알아본다.

청와대 옛 대통령 관저 뒷산 기슭에 새겨져 있는 '天下第一福地(천하제일복지)' 여섯 글자. 1990년 청와대 신축공사 과정에서 발견된 이 글자는 '청와대 명당설'을 뒷받침하는 결정적인 물증이었다. 그런데 조사 결과 이 글자는 1850~1860년대 흥선대원군이 경복궁을 중건하던 시기에 누군가가 새겨 넣은 글자로 추정된다. 궁궐 중건이라는 대규모 공사에 정당성을 부여하고 왕권에 정통성을 주려는 의도다. 당시 '기이하게도' 자하문 쪽에서는 '을축년(1865년) 흥선대원군이 이 잔을 받으리'라고 새긴 구리잔이 발견되기도 했다. 각자가 됐든 구리잔이 됐든 전형적인 도참 조작을 통한 조선시대 권력 강화 수단이었다.

홀연히 발견된 '풍수'의 증거

1990년 2월 대한민국 신문과 방송은 일제히 '청와대에서 표석 발견' 기사를 쏟아냈다. 화강암 암벽을 깎아 가로 2미터 50센티미터,

세로 1미터 20센티미터 규모에 해서체로 '천하제일복지'라고 새겨진 표석을 발견했다는 것이다. 기사는 대개 '청와대 본관 동북쪽 가파른 암벽에 있는 탓에 전혀 눈에 띄지 않았다'라고 끝났다. 특히 글씨 주인인 듯한 '延陵鳴据(연릉오거)'라는 인물은 '풍수지리에 밝은 역학가일 가능성도 있다'는 보도도 나왔다.[4]

표석이 발견된 암벽 아래쪽은 식민시대 총독관사가 있던 자리다. 원래 총독관사는 남산에 있었다. 1939년 당시 조선총독부 총독 미나미 지로南次郎가 그 관사를 이곳으로 옮겼다. 6년 뒤 해방이 됐고 이후 이 관사는 대한민국 대통령 집무실로 쓰였다.

원래 관사 자리는 조선시대 경무대景武臺 자리였다. 경무대는 과거 시험과 무술 경연이 벌어지던 너른 터였다. 그래서 해방 후 대통령 집무실은 경무대라고 불렸다.

뿌리가 총독관사인데다 '4·19로 퇴각한 자유당 독재 정권을 상징한다'는 이유로 민주당 정권은 경무대를 청와대로 개칭했다. 왜 '청와대', 청기와집인가. 미나미 지로가 총독관사를 지을 당시 전북 정읍에 있던 민족주의 계열 종교인 보천교 본전 기와를 뜯어다 재활용했다. 그 보천교 본전 기와가 청기와였다. 전하기로는 15만 장을 운송해 기와를 올렸다. 민주당 대통령 윤보선이 이 청기와에서 모티브를 얻어 지은 이름이 청와대였다.

그리고 1990년 제6공화국 노태우 정부 때 일제 잔재 청산 명분으로 청와대를 신축했다. 3년 뒤 옛 총독관사, 옛 경무대, 옛 청와대를 철거했다. 철거한 자리에는 1983년 신축한 청와대 남쪽 현관 지붕 꼭대기 절병통을 남겨 위치를 표시해뒀다.

1993년 옛 청와대를 철거한 자리에 있는 절병통. 1983년 옛 청와대 남쪽 현관 지붕꼭대기에 있던 기물이다.

그런데 그 뒷산에서 이 자리가 명당임을 알리는 글자가 튀어나온 것이다. 청와대 사람들은 "새 청와대를 밝히는 길조吉兆"라고 했고[5] 훗날 사람들은 "원래 표석 자리가 명당인데 총독관사를 지을 때 차출된 지관들이 일부러 비켜난 곳을 잡아 총독들을 망하게 했다"고 주장하기도 했다[6](언뜻 보면 그럴 듯하지만 '원래 표석 자리가 명당', '차출된 지관', '일부러 비켜나게' 따위 말들은 그 어느 기록에도 없는 괴담이다).

150년밖에 안 된 새 글자

명당과 길지에 대한 호기심과 흥분이 가라앉은 1990년 10월, 처음 이 글자를 감정했던 금석학 대가 임창순(1914~1999)이 8개월 동안의 연구 결과를 내놨다. 내용은 이러했다.

첫째, 이 여섯 글자는 12세기 남송 시대 명필 연릉오거延陵吳据의 필체다.
둘째, 글자를 새긴 연대는 빨라야 구한말인 1850년대 전후다.

임창순에 따르면 연릉오거는 남송시대 서예가다. 중국 강소성 진강鎭江변 북고산北固山 관광지에 있는 감로사甘露寺라는 절에 오거가 쓴 '天下第一江山' 여섯 글자가 커다랗게 붙어 있다. 6세기 북고산에 놀러온 양무제가 '천하제일이로다'라고 새겨 넣은 친필이 파손되고 이후 오거가 이를 다시 새겼다는 전설이 붙은 글씨다. 임창순은 "오거의 글씨를 탁본으로 구해와 '福地'라는 글자를 집자集字해 새겼다"고 했다.[7]

그리고 임창순이 추정한 각자刻字 연대는 1850년대다. 그가 이리 말했다. "화강암에 음각한 획의 풍화 정도가 '깨끗하다'고 할 만큼 매우 낮다. 화강암의 석질이 본래 비바람에 약한 점을 고려할 때 각자 연대는 빨라야 1850년 전후다."
"경복궁은 풍수로 계획된 도시 한양의 중심"이라는 주장에 결정적인 물증이라고 주장한 사람들에게는 날벼락이었다. 한양 천도 당시인 14세기는커녕 전쟁 때 홀딱 타버린 경복궁이 근 300년째 폐허로 남아 있던 19세기 작품이었으니까. 이로써 육조거리에서 광화문, 경복궁에 이르는 온갖 주술과 괴담은 전면 폐기됐어야 마땅하다.

2022년 청와대 안내문

하지만 괴담 꼬리는 길고 또 길다. 1993년 당시 청와대가 세워놓은 안내판에는 이렇게 적혀 있다.

삼각산의 정기를 이어받아 북악을 거쳐 경복궁 쪽으로 길게 뻗어 내린 이곳은 일찍이 명당으로 알려져 고려 숙종 9년 1104년 왕실의 이궁이 자리 잡았던 곳이다. 이 가운데 융문당과 융무당이 있던 높은 터를 경무대라 불렀다. 예로부터 천하제일복지라고 알려졌던 이곳 명당 터에 일제는 1939년 7월 총독관사를 건립하여 민족정기 단절을 획책함으로써 이 건물은 경복궁 내 조선총독부 청사와 더불어 외세 침탈의 상징이 되었다.

이 안내판은 지금 옛 청와대 현관 지붕 위 절병통이 놓여 있는 잔디밭 옆에 서 있다. 신축공사 당시 우연히 발견된 '천하제일복지' 여섯 글자가 만든 결과가 이렇게 질기고 끈적끈적하다. '예로부터 천하제일복지로 알려졌던'이라는 표현은 수정돼야 마땅하다. 누가 봐

도 확연한 근대 암각을 내세워 엉뚱한 방향으로 대한민국 시민을
오도하는 설명이다.

또 다른 '신의 선물'

그게 다가 아니었다. 천하제일복지 여섯 글자가 북악산 절벽에
새겨지던 무렵, 조선 왕실에 또 다른 경사가 났다. 1865년 5월 4일
이었다. 이날 어전회의에서 열세 살 먹은 왕 고종이 내시를 시켜 구
리 그릇 하나를 가져와 신하들에게 보여주었다. 창의문 근처에 있
는 정자 석경루石瓊樓 땅속에서 발굴한 그릇이라고 했다. 발굴한 사
람은 박경회라는 사내였다.

그릇에는 덮개가 있었고 덮개 속에는 소라처럼 생긴 술잔, 나작螺
酌이 들어 있었다. 뚜껑 안쪽에 이런 글이 새겨져 있었다.

수진보작壽進寶酌(장수를 기원하는 귀한 그릇)
화산도사 소매 속에 있던 보물로
동방의 국태공에게 바치니
을축년 4월
이를 열 사람은 옥천옹이니라
[壽進寶酌 華山道士袖中寶 獻壽東方國太公 靑牛十廻白巳節 開封人是玉
泉翁·수진보작 화산도사수중보 헌수동방국태공 청우십회백사절 개봉인
시옥천옹]

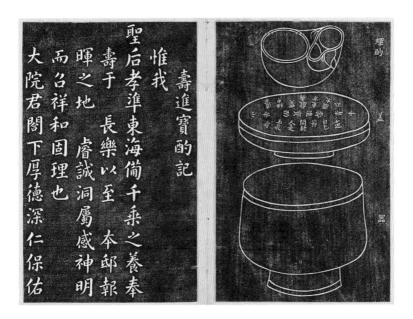

1865년 자하문 근처 땅속에서 정권을 축복하는 구리그릇이 발견되자 고종은 그 내력을 적은 《수진보작명첩壽進寶酌銘帖》을 제작해 고위층과 종친에 배포했다. 하늘이 내린 권력임을 입증한다는 것이다. / 서울역사박물관

　신하들은 "을축년 4월에 이 귀한 그릇을 누군가가 열어보게 된다는 뜻"이라고 했다. 바로 '동방 국태공'이 을축년 4월에 국가의 큰일을 하게 되리라는 예언이라는 것이다.

　동방 국태공이 누구인가. 흥선대원군이다. 그러니까 하필 '을축년' 1865년 4월 대원군이 조대비를 통해 경복궁을 중건하겠다고 선언하고 딱 한 달 이틀이 지난 뒤 이 어마어마한 예언이 담긴 구리그릇이 발견된 것이다.[8] 회의에 불참했던 문신 송근수는 훗날 '이를 보고도 신고하지 않은 자는 동방의 역적[看此不告 東國逆賊·간차불고 동국역적]'이라고까지 했다.[9]

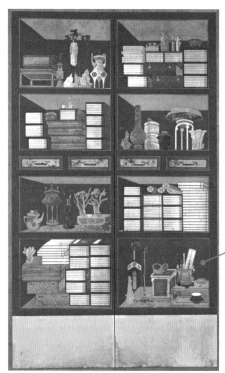

운현궁에 있는 책가도. 작은 사진 녹색 상자 위에 놓인 물건이 수진보작 술잔이다. /서울역사박물관

고종이 말했다. "이 그릇을 보기만 해도 기쁜 마음이 그지없다. 효성을 바쳐야 하는 도리로 볼 때 이 기쁨을 기록하는 일을 그만둘 수 없으니 모두 글을 지어 바치도록 하라."[10] 막대한 예산과 인력이 투입될 토목공사에 대한 반대 여론은 이것으로 봄날 눈처럼 사라졌다.

고종은 이 그릇을 발견한 박경회라는 사내를 수소문해 그날로 중앙군 지휘관인 오위장五衛將으로 특채했다. 그리고 그릇 발굴 과정을 적은 글을 이날 회의 참석자들에게 낱낱이 기록해 책으로 만들라고 명했다. 제작된 《수진보작명첩》은 고위 관료와 종친에게 배포됐다.

훗날 대원군이 살던 운현궁에는 이 수진보작을 그린 책가도冊架圖

가 들어섰다. 주술을 통한 권력 행위 합리화 그리고 정통성 확보. 그 빼도 박도 못하는 증거가 청와대 뒷산 큼직한 여섯 각자와 이 소라처럼 생긴 술잔 그림이다. 명당? 풍수? 가소롭다.

정치적 기반이 없는 상황에서 권력을 차지한 대원군과 고종이었다. 권력을 확장하고 유지하기 위해 필요한 조치는 정당성 확보였고, 이를 위해 풍수와 도참과 조작을 동원한 것이다. 식민시대 언론인 차상찬(1887~1946, 필명 청오생)은 이렇게 썼다. '지금 생각하면 우스운 이야기 같지만 천하를 압도하던 영웅도 인심을 수습하는 데 얼마나 고심했을까 가히 추측할 수 있다.'(1927년 1월 1일 《별건곤》 3호) 권력의 맛이 더욱 달콤한 지금은 오죽할까.

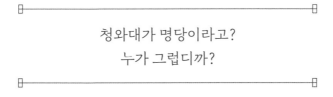

청와대가 명당이라고?
누가 그럽디까?

2장

풍수지리로
조선 수도 한성을 만들었다고?

———— ✾ ————

풍수를 거부하고 만든
실용적 계획도시, 한성

1

"무학대사와 정도전은 삼각산과 관악산을 잇는 직선상에 경복궁을 축으로 놓습니다. 경복궁을 맨 앞으로 그 뒤로 육조 거리, 남대문이 이어지도록 말이죠. 일제강점기에 일본이 이 축을 틀어버렸습니다."(승효상, 〈월간 디자인〉 2013년 1월호 인터뷰)

2

지금의 한양도성은 조선왕조의 도읍지로 선정된 후 1396년에 축성됐다. 총 18.6킬로미터에 이르는 성곽이 백악산, 낙산, 남산, 인왕산의 능선을 따라 지어졌다. 우리 선현들이 자연을 살아있는 유기체로 인식한 풍수지리사상을 내재해 공간설계가 이루어진 것이다. 성곽은 네 곳의 산으로 둘러싸여 백두대간 맥에서 이어진 살아 있는 지맥이 지금도 흐르기 때문에 아직까지 현존하는 것이다. 서울 도심을 위해 도성 주변을 개발할 것이 아니라 더 이상 훼손하지 않고 지속적으로 좋은 기가 머물 수 있도록 보존하여야 한다.(박재락 국풍환경설계연구소장·문화재청 문화재 전문위원, 2017년 3월 28일 〈시사저널〉)

진실

모두 가짜. 한양(한성)은 철저하게 실용적 기준으로 설계된 계획도시였다.

국가상징축과 한성 프로젝트

2006년 12월 5일 서울 대한상공회의소에서 열린 '세종광장 조성 방안과 관광 활성화 방향' 시민토론회에서 서울시정개발연구원 도심발전연구단장 김선웅은 이렇게 발표했다.

일제는 국왕의 위엄을 상징하는 근정전 앞에 총독부 건물을 일본에 의해 강화된 태평로 축에 맞추어 건설함으로써 경복궁의 남북축을 차단함. 또한 해태상과 광화문을 이전하고 경복궁을 파괴하여 민족의 자존심을 훼손함. 총독관저(大)-총독부(日)-경성부청(本)-조선신궁(天)에 이르는 일제의 축이 형성됨.[11]

3년 뒤인 2009년 국토해양부는 '국가상징거리 조성사업'을 계획하며 이렇게 규정했다. '서울은 정도전의 백악주산설白岳主山說에 의하여 조성된 이래 600년 역사의 중심 공간임. 경복궁-서울역-한강(노들섬)을 연결하는 7킬로미터를 역사와 미래를 아우르는 국가상징거리로 조성함.' 특히 서울역~한강 구간은 '미래 발전 도약의 공간'으로 선언했다.[12] 이후 지금 도심 곳곳에서 역사 복원 작업이 진행 중이다. 서울 광화문 앞 도로는 477억 원을 투입해 광장으로 변신했고 그 광장은 또 그만큼 돈을 투입해 개조 중이다. 지난 정부와 지난 서울시에 이어 현 서울시장 오세훈 또한 그 작업을 "막대한 예산이 투입된 공사의 연속성을 위해" 계속하고 있다.

오류는 없는가. 120년 전 대한제국 광무제 고종이 개조했던 그 황성皇城처럼 조급함으로 인해 만인에게 걱정을 끼칠 우려는 없는가.

모든 역사는 땅에 흔적을 남긴다. 그 흔적을 기록한 옛 사진과 지도에는 진실이 기록돼 있다. 이제 구경해본다. '일제에 의해 훼손된 국가 축'과 '백악주산설로 조성된 도시 한성'이 과연 진실인지.

"내가 참서를 불태우라 했거늘"

권력을 잡고 17년째인 1417년 태종 이방원이 어전회의에서 말했다. "내가 서운관 참서讖書를 모조리 불살라 버리라고 했었는데 아직 있다는 말인가? 참서를 후세에 전한다면 사리를 밝게 보지 못하는 자들이 깊이 믿을 것이다. 빨리 불살라 이씨 사직에 손실됨이 없도록 하라."

한마디 더 했다. "도읍을 천도할 때 진산부원군 하륜이 참서를 믿고 도읍을 무악으로 하자고 했다. 나는 믿지 않고 한성으로 도읍을 정했다."[13]

반년 뒤 실록은 이렇게 기록했다. '박은과 조말생이 서운관에 앉아서 음양서陰陽書를 모조리 찾아내 요망하고 허탄하여 정상에서 어그러진 것을 골라 불태웠다.'[14]

이상한 일이다. 알려진 바에 따르면 한성 천도는 처음부터 끝까지 '무학대사와 정도전과 하륜 사이에 풍수지리 논쟁을 거쳐 이뤄진 일'이 아니었나. 그런데 태종은 풍수지리를 논하는 참서를 태우라 명하고 본인은 "나는 믿지 않았다"고 주장하다니.

결론부터 이야기한다. 조선 수도 한성은 오로지 실용적인 기준에 따라 건설된 도시다. 한성 천도와 한성 도시 계획에 풍수지리는 개입되지 않았다. 대신 '사방으로 통하는 도로의 거리가 고르며 배와 수레도 통할 수 있어서'[15], '또다시 (큰 비용을 들여) 토목 사업을 일으키지 않기 위해서'였다.[16] 좌청룡 우백호 같은 풍수지리적 해석은 후대에 만들어진 신화다. 게다가 600년 뒤 이 대명천지 공화국시대에 도시를 갈아엎는 데 쓰이는 도시 괴담이다.

이성계-방원 부자의 천도 계획

고려를 타도한 이성계에게 개성은 떠나야 할 곳이었다. 그래서 많은 인력을 들여 전국으로 새 도읍지를 물색했는데, 그 가운데 계룡산과 한양이 있었다. 계룡산은 너무 멀었고 한양은 가까웠다. 1393년 2월 11일 태조가 계룡산 현장에서 가부를 묻자 무학(실록에는 '자초自超'라고 나온다)은 "능히 알 수 없다"고 답했다.[17] 그래도 태조는 계룡산 천도를 결정했다. 대토목공사가 시작됐다.

그런데 그해 12월 경기좌우관찰사 하륜이 계룡산은 남쪽에 치우쳤다며 무악毋岳을 후보지로 추천했다. 무악은 지금 서울 연희동 부근이다. 이성계는 재상들에게 뜻을 물었다. 정도전이 말했다. "다스림은 사람에게 있는 것이지 지리의 성쇠에 있는 것이 아니다. 술수를 쓰는 자[術數者·술수자]만 믿을 수 있고 선비의 말은 믿을 수 없겠는가."[18]

태조는 남경(한양) 옛 고려 궁터에 들러 이리 말했다. "조운이 통하고 백성도 편리할 땅이다."[19]

한양이 도읍으로 확정됐다. 그리고 이듬해인 1395년 6월 6일 태조는 한양부를 한성부로 개칭했다.[20] 그러니까 우리가 알고 있는 '한양'은 '한성'의 고려 때 이름이며 조선 수도 공식 명칭은 '한성'이다.

그리고 '왕자의 난'으로 아들 정종이 개성으로 환도한 뒤, 정종 동생 이방원이 왕이 됐다. 1404년 9월 13일 태종은 한성 재천도를 선언하고 궁궐수보도감을 설치했다. 그런데 하륜이 또 무악 천도를 주장했다. 그해 10월 태종은 대신, 지관들과 함께 무악을 답사했다. 지관들이 하나같이 무악이 좋다고 주장했다. 태종이 이리 힐난했다. "태조께서 물을 때는 왜 다 나쁜 땅이라 했는가." 우물쭈물 대는 지관들에게 그가 말을 이었다. "왜 한성에 있는 궁실을 놔두고 나더러 이 풀 우거진 땅에 토목공사를 하라고 하는가!"[21] 지관들을 불신하고 막대한 비용을 추가하지 않겠다는 선언이었다. 이틀 뒤 태종은 측근 다섯을 데리고 종묘로 들어가 동전을 던졌다. '척전擲錢'이라는 점이다. 개성과 무악과 한성 가운데 한성이 길2, 흉1로 나왔다.[22]

측근들만 참석하고, 흔적도 남지 않는 동전던지기로 결정을 했으니 이는 결론을 정해놓았다는 뜻이었다. 아무도 종묘에서 나와 만민에 선포하는 태종 말에 이의를 제기하지 못했다. 진짜 점괘가 그렇게 나왔는지는 오직 여섯 명만 안다. 한성은 그렇게 조선 수도로 결정됐다.

무학과 정도전, 종말론적 신화

여기까지가 한성이 조선 왕국 수도로 결정된 경위다. 시작은 풍수지리였으나 천도와 재천도 과정에는 도시 기능과 경비 절감이라는 합리적인 기준이 철저하게 작용했다.

'무학대사와 정도전이 백악산과 인왕산을 두고 논쟁을 벌이다 정도전의 백악주산설이 승리했다. 그래서 무학이 "200년 뒤 (전쟁이 터지면) 내 말을 다시 생각하게 되리라"라고 예언했다'는 이야기는 공식 기록 어디에도 끼어들 여지가 없다. 이는 아예 소설이다.

무학-정도전 논쟁과 백악주산설은 차천로車天輅(1556~1615)가 쓴 《오산설림五山說林》에 처음 등장한다. 《오산설림》은 1605년에 나온 문집이다. 임진왜란이라는 어마어마한 전흔이 가시지 않은 때였다. 그 전쟁 후 나라가 피폐해진 원인을 이리저리 돌리다가 '땅 잘못 골라 나라 망했다'는 종말론적인 신화가 양산되면서 생긴 신화다.[23] 그 이전에는 그 어떤 자료에도 무학과 정도전이 논쟁을 벌였다는 기록이 없다.

오히려 한성으로 재천도한 태종은 풍수를 포함한 도참 일체를 불신하며 이를 일망타진하라고까지 선언했다. 그 어떤 기록에도 도읍 결정 과정에 주산 논쟁은 눈에 띄지 않는다.

백악주산설이 근거가 없으니, '풍수설에 입각해 설계한 한성의 백악-경복궁-남대문-관악산 축선軸線' 또한 근거가 없다.

도시 괴담과 국가 대토목 사업

그러니 '일제에 의해 국가 축이 훼손됐다'는 주장 또한 괴담이다. 없는 축이 어떻게 훼손되는가. 사진을 보면 명확하다. '육조거리 실측도(1907년 추정)'에 붉은 색과 파란 색으로 표시된 육조거리는 21세기 세종대로와 방향이 정확하게 일치한다. 광화문－월대 구간만 서쪽으로 기울었을 뿐, 육조거리 자체는 100년 전과 지금 똑같다. 무슨 훼손이 있었는가. 그 '국가 축'이 일제강점기에 확장돼 광화문통이 되었고, 세종대로가 되었다. 2019년 서울시 공모에 당선된 현 광화문광장 디자인도 동일하다.

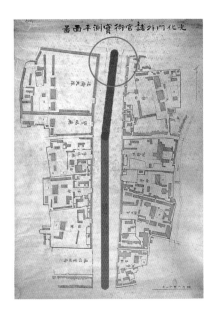

1907년(추정) 육조거리 실측도면〈광화문외제관아실측평면도〉. 광화문-육조거리 축이 휘어 있다. 총독부가 왜곡한 축이 아닌, 본래의 축이다. 가운데 축선은 필자 표시. /국가기록원

'총독관저(大)-총독부(日)-경성부청(本)-조선신궁(天)에 이르는 일제의 축'을 바로잡겠다는 '세종광장 조성방안'은 더욱 어이없다. 아래 사진을 보면 총독부-경성부청-조선신궁은 이 축에서 동쪽으로 한참 치우쳐 있다. 그런데 총독부와 경성부 청사는 여전히 옛 '조선의 축' 선상에서 그 축 방향으로 건축됐다.

이 세 건물이 일본이 의도한 축이라고 주장하려면 논리와 증거가 필요한데, 그 논리와 증거 두 가지가 다 없다.

조선신궁은 1925년 열 군데 후보지 가운데 선정된 남산에 건설됐다. 입지 선정기준에는 '일본의 축' 같은 고려는 없었다. 경성부청은 1923년 남대문 옆 남대문소학교가 부지로 선정됐다가 조선인 유력자들의 반대로 화재로 불탄 경성일보 자리인 현 장소에 1926년 건

경복궁에서 본 조선신궁-경성부청-총독부. / 국립중앙박물관

축됐다. 이들 건물은 식민 수도 도시 공간의 상황적 필요에 따라 실행된 '임기응변적' 조치의 산물이었다. 식민권력은 조선의 전통 풍수를 정책 대상으로 삼을 만큼 아둔하지도, 방방곡곡 혈맥을 찾아다닐 만큼 주도면밀하지도 않았다.[24]

그런데 대한민국 국토교통부는 이를 역사적 근거로 삼아 '국가상징거리 조성사업'을 입안하고 실행 중이다. 서울시는 2009년 '세종광장 조성방안'을 통해 광장을 만들었고, 동일한 논리에 의해 지금 그 광장이 완전히 뒤집어졌다. 아둔한가? 주도면밀한가? 둘 다인가?

일본군의 유산 '국가상징거리'

더 본질적인 문제가 있다. 사진 한 장에 광화문광장과 국가상징축 복원 작업의 모순이 다 폭로돼 있다. 오른쪽 사진은 1945년 9월 4일 미군이 서울 상공에서 촬영한 사진이다. 가운데 전투기 꼬리 아래에 총독부가 보인다. 그리고 전투기 아래 사진 앞쪽에 당시 일본군 병영이 보이고, 병영 가운데를 관통하는 도로가 보인다.

이 길이 바로 조선왕조 내내 백성이 사용했던 후암동 옛길, 두텁바위로다. 지금은 미군 기지 20번 게이트로 막혀 있다. 게이트를 들어가면 남쪽으로 길이 이어지고 동쪽으로 길이 갈라진다. 이 길은 조선통신사들이 한강을 건널 때 걸어갔던 길이다.[25] 남향 길 끝은 용산가족공원이다. 동쪽 길 끝은 반포대교다. 일본군이 직선화했지만 엄연히 존재했고 존재할 역사다.

서울역　철길　現 한강대로　　　조선총독부　광화문육조거리　　　옛길

도로와 주요 시설을 표시한 1945년 미군 항공사진. 가운데 전투기 꼬리 부분에 총독부가 보이고, 일본군 병영 한가운데 직선도로가 보인다. 이 길이 조선왕조 내내 백성이 사용했던 옛길이다. 국방홍보원 앞에서 현재 미군 20번 게이트로 막혀 있다. 이 길 오른편 산등성이로 조선통신사들이 걸어갔던 또 다른 길이 나 있다. 정부에서 '국가상징축 미래 발전 도약 공간'으로 조성 중인 한강대로는 이 병영 왼쪽, 철길 옆에 있다. 일본군이 건설한 도로다. / 국사편찬위원회 전자사료관(원출처: 미국립문서보관청(NARA))

미군 기지 20번 게이트로 막힌 옛 후암동길.

  통신사와 백성이 걸었던 이 길들은 '국가상징거리' 계획 어디에
도 존재하지 않는다. 정조가 화성 행궁으로 행차할 때 이용했던 옛
용산길(삼각지-원효로 일대)도 없다. 복원할 역사 혹은 미래에서 삭제
된 것이다.

  그렇다면 무엇이 대한민국의 상징이라는 말인가. 45쪽 사진 왼쪽
으로 서울역과 철길이 보인다. 병영과 철길 사이에 도로가 있는데,
이 길이 1908년 러일전쟁 직후 한국주차군사령부가 만든 현재의 한
강대로다. 국토교통부는 이 길을 대한민국 미래를 상징하는 '국가
상징축 미래 발전 도약 공간'으로 조성 중이다.

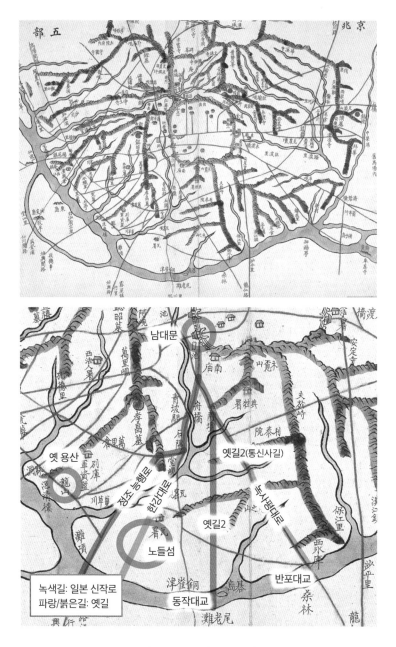

〈경조오부도〉. / 한국학중앙연구원

도로 끝은 한강대교로 연결되는데 다리 가운데에는 노들섬이 있다. 옛 이름은 중지도다. 1917년 총독부가 다리 지지 시설로 만든 인공섬이다. 국토교통부와 서울시는 이 노들섬을 국가상징축의 상징적 종점으로 설계하고 지난해 콘서트 하우스를 건설했다.

하지만 신용산 근대화는 애초부터 조선과 무관했다. 일본인에 의해 오늘날 용산역에서 서울역까지 철도를 따라 서쪽 공간이 개발되기 시작했다. 철길 동쪽이 개발된 것은 일본 군사기지가 들어서면서부터였다.[26]

위에서 던진 질문을 다시 해보자. 아둔한가? 주도면밀한가? 둘 다인가? 광화문광장에 대한 다음 주장은 무엇인가?

민족의 정기를 바로 세우고 역사를 복원하려는 강한 의지.
 – 2007년 11월 서울시장 오세훈,《세종로의 비밀》(중앙북스, 2007) 추천사

3·1운동, 4·19, 1987년 민주항쟁에서 촛불시민항쟁까지 늘 광화문광장이 지키고 있었다.
 – 2019년 1월 서울시장 박원순, '광화문광장 설계공모 결과 발표 기자회견'

풍수 괴담이 만든 대참사 – 유물 쏟아지는 육조거리

2021년 3월 22일 서울시는 광화문광장 공사현장에서 유물이 무더기로 쏟아져 나왔다고 발표했다. 병인양요와 신미양요 때 외국군

육조거리 발굴된 흔적들.

과 맞섰던 흥선대원군 시절 합참본부 '삼군부' 청사도 실체를 드러
냈다. 삼군부가 사라지고 처음 있는 일이다.

광화문광장 복원을 주도한 전前 국가건축정책위원장 승효상은
2009년 이렇게 주장했다.

"육조거리 위치를 정확히 찾으면 세종문화회관 쪽에 붙게 되는데
이러면 서울의 정확한 옛 축을 볼 수 있다."[27]

2019년 12월에는 광화문광장 공모 당선작 발표회에서 심사위원
장이 말했다.

"육조가로로 쓰였던 곳인 만큼 가운데가 공간이 비워진 곳이어서

유물이 없다. 다만 육조를 형성했던 관어가의 담장 부분은 기초가 발견될 가능성이 농후하다." 그 심사위원장 또한 승효상이다.

그런데 땅을 파보니 담장 정도가 아니라 삼군부 행랑과 다른 건물터들이 튀어나왔다. '원래 육조거리'라고 그가 주장한 공간이 텅 빈 거리가 아니라는 뜻이다. 따라서 '서울의 정확한 옛 축'이 아니라는 말이다.

이런 터무니없는 일이 벌어진 이유가 있다. 광화문광장 공사 배경에는 '정도전의 백악주산론'이 있다. 600년 전 조선이 한양으로 천도할 때 도읍지와 궁궐을 북한산−북악산−관악산 축을 기준으로 설계했다는 이론이다.

"무학대사와 정도전은 삼각산과 관악산을 잇는 직선상에 경복궁을 축으로 놓습니다. 경복궁을 맨 앞으로 그 뒤로 육조거리, 남대문이 이어지도록 말이죠. 일제강점기에 일본이 이 축을 틀어버렸습니다."[28] 승효상이 한 말이다.

터무니없다. 그런 축은 존재하지 않는다. 지도에 북한산−북악산−관악산을 잇는 직선을 그어보면 경복궁과 육조거리는 그 축에서 동쪽으로 빗겨나 있다. '정도전 한양 도시계획'은 선 하나만 그어봐도 알 수 있는 괴담이다. 기록상으로도 정도전−무학대사 신화는 임진왜란 이후 탄생한 전설에 불과하다.

2021년 4월 《경향신문》과 인터뷰에서 승효상은 이렇게 주장했다. '정도전이 북한산과 관악산을 잇는 연결선 위에 경복궁을 두고 광화문 앞의 길을 넓혀 양옆에 관아를 설치하면서 육조거리라는 광장 같은 길이 나타났다. 이곳은 오늘날 국가의 축으로도 상징성을

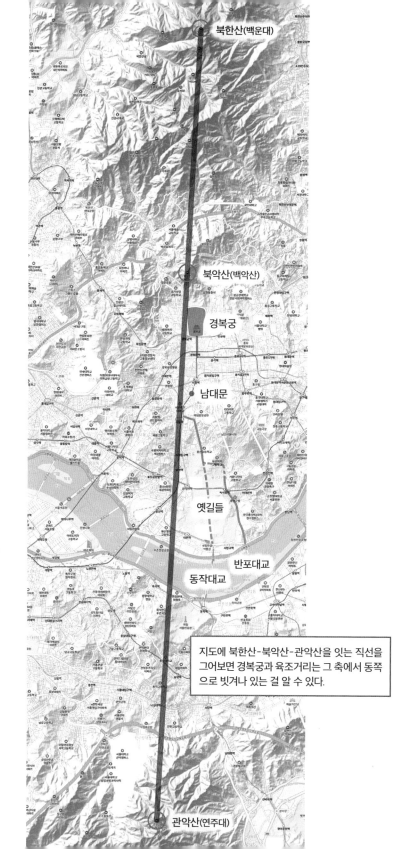

북한산(백운대)

북악산(백악산)

경복궁

남대문

옛길들

반포대교

동작대교

관악산(연주대)

지도에 북한산-북악산-관악산을 잇는 직선을 그어보면 경복궁과 육조거리는 그 축에서 동쪽으로 빗겨나 있는 걸 알 수 있다.

가지며 우리 모두에게 깊이 인식되어 있다.'*

그런데 2022년 6월 《중앙일보》 기자가 "풍수설에 입각한 '정축' (북악산–관악산)이 '근거 없다'는 주장도 있다"고 승효상에게 물었다. 다음은 이 질문에 대한 그의 답이다.

관련 내용을 다 찾아본 건 아니니 풍수상의 근거가 없을 수도 있지. 다만 경복궁–육조 거리로 이어지는 이 축은 대한민국 모든 사람이 중요하다고 인식하는 '관념'상의 '정축' 아닌가. 여기에 기반 두고 광화문 광장 위치를 바로잡자고 말했을 뿐이다.
– 승효상, "'文 50년지기' 승효상 "용산 집무실, 외국서 韓수준 슬프게 볼 듯"", 2022년 6월 4일 〈중앙일보〉

풍수로 한성이 건설됐는데, 그걸 간악한 일제가 비틀었으니 똑바로 돌리기 위해 광화문 앞을 갈아엎어야 한다고 했던, 그래서 한 근대국가 수도 한복판을 뒤집어놓은 이론가가 "관련 내용을 다 찾아본 건 아니라 풍수상 근거가 없을 수도 있다"고? '관념상의 정축'이라고? 너무 비겁하다.

지도 한 장과 역사적 기록이 다 말해준다. 있지도 않는 축軸, 그래서 일제에 의한 훼손 자체가 불가능한 축을 복원하겠다는 주장은

* 승효상, 〈광화문광장 재론〉, 2021년 4월 21일 〈경향신문〉

역사적으로도 경제적으로도 터무니없다. 청와대가 명당이라느니, 총독관저가 명당이라느니 따위 괴담은 모조리 이 근거 없는 비실증적 괴담에서 비롯되었다.

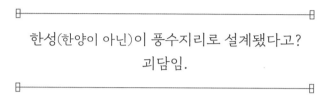

한성(한양이 아닌)이 풍수지리로 설계됐다고?
괴담임.

3장

조선 500년 동안 광화문 앞에 월대月臺가 있었다고?

세종이 금지시킨
광화문 월대 공사

세종 때 조성된 월대는 임진왜란으로 경복궁이 화재로 소실되면서 사라진 것으로 판단되며, 1867년 경복궁 중건 당시 광화문과 함께 다시 세워진 것으로 추정된다. 기록에 따르면 광화문 앞에서는 왕실의 환궁 행사, 중국 사신을 맞이하는 행사, 장례 등 왕실의 주요 행사를 거행하였으며 백성과 소통하는 공간으로 활용하였다.(명지대학교 한국건축문화연구소,《경복궁 광화문 월대 및 동·서십자각 권역 복원 등 고증조사 연구용역 보고서》, 문화재청, 2018)

따라서 '월대 복원'은 왕도정치와 시민주권을 연결하고 소통하는 역사적 가치와 화합·통합의 미래적 가치를 담는 상징적 표현이다.(〈2020년 문화재위원회 제9차 사적분과위원회 회의록〉 문화재청, 2020년 9월 9일)

어떤 경우라도 월대와 해치는 제자리에서 제대로 복원되기를 바란다. 해치의 꼬리를 매만지면서 스스로 마음을 단속하고 시비곡직을 다짐하는 통과의례가 요즘처럼 절실한 때가 또 어디 있는가.(홍순민 명지대학교 교수, 2018년 4월 10일 〈연합뉴스〉 인터뷰)

모두 가짜뉴스. 세종대에 월대가 건축됐다는 기록은 없다. 세종은 오히려 월대 건축을 금지했다. 기록상 광화문 월대는 1866년에 완공됐다. 그리고 조선왕조 내내 광화문 앞 공간은 소통과 거리가 먼 권위와 억압의 공간이었다.

1900년 초반 대한제국시절 광화문 풍경. 왼쪽에 해태상, 오른쪽에 월대 난간석이 보인다.
/ 서울역사박물관

사진에 보이는 풍경은 서울 경복궁 앞에 있는 광화문과 월대月臺다. 월대는 궁궐 내 주요 건물 앞에 설치하는 기단이다. 20세기 초 대한제국시대 촬영(추정)된 이 사진에는 경복궁 앞 육조거리와 해태상, 그 사이에 있는 월대가 나온다.

2022년 현재 이 육조거리는 대변신 중이다. 2022년 8월 공사가 대부분 완료되고 웅장한 광화문광장에서 시민들이 여가를 즐기는 중이다. 그리고 아직 끝나지 않은 공사가 하나 남아 있다. 바로 저 사진에 보이는 '월대 복원' 공사다.

2021년 4월 27일 당시 서울시장 오세훈이 긴급브리핑을 통해 이렇게 선언했다. "오랜 세월 역사 속에 잠들어 있었던 경복궁 앞 월대의 복원은 조선시대 왕과 백성이 소통하고 화합하던 상징적 공간

2021년 6월 21일 촬영한 대한민국 수도 서울 한복판에 있는 광화문이다. '역사 복원'을 명분으로 앞에 보이는 도로는 선형 변경 공사가 완료됐다. 그리고 이 공간은 '조선시대 광화문 월대' 복원 현장으로 바뀔 예정이다. 그 월대는 조선시대에 존재했는지도 불확실하고, 복원할 명분도 불확실하다.

의 복원으로 그 역사적 의미가 남다르다." '조선시대' '왕과 백성의 소통 공간'인 이 월대를 복원하겠다는 뜻이다.

역사를 복원하는 작업은 숭고하다. 숭고하려면 역사적 사실事實에 부합해야 한다. 하지만 육조거리가 광화문광장으로 변신하는 과정에 얼마나 집요하고 허황되게 '국가상징축' '풍수' '국운을 말살하려는 일제의 간악한 흉계' 같은 괴담이 작용했는지는 앞 장에서 똑똑히 보았다.

월대 또한 마찬가지다. 문화재청이 퍼뜨리고 전문가라는 사람들이 고착시킨 '세종이 만든 광화문 월대'에 관해 실록은 이렇게 증언한다.

세종은 "바야흐로 농사철에 접어들었는데 어찌 민력民力을 쓰겠는가" 하고 광화문 월대 공사를 윤허하지 아니하였다.
－1431년 3월 29일《세종실록》

에잉??? 세종은 월대를 만든 적이 없다는 것이다. 이게 무슨 말?

1431년, 세종의 농번기 특별대책

조선 왕국은 농업 국가였고 농업은 사대부 사회의 필수적인 경제 기반이었다. 춘분부터 추분까지 농번기에는 농사에 방해가 되는 잡스러운 소송까지 금지했다.《경국대전》은 모반, 불경, 불효, 내란 따위 소위 10대 중범죄와 강력범죄를 제외한 소송은 농번기에는 법적으로 금지했다. 무정무개務停務開, '농사에 방해될 업무를 정지하고 농사가 끝나면 재개한다'는 원칙이다.

언제부터 언제까지를 이 '농번기'로 규정할 것인가를 두고 말이 많다가 마침내 1431년 3월 19일 세종이 기간을 정했다. '춘분~추분 사이'다.

무정무개법에 대해 논의가 분분하니, 임금이 춘분春分과 추분秋分
으로 한정지었다.

– 1431년 3월 19일 《세종실록》

넉 달 뒤 세종은 '농민에 한해' 이 원칙을 적용하라고 일렀다.[29]

춘·추분 무정무개법을 정하고 열흘 뒤 예조로부터 "광화문이 누
추하니 월대를 만들겠다"는 보고가 올라왔다. 그러자 세종은 즉시
이를 불허했다. 이유는 '농번기 민력 동원 불가'.[30]

월대, 과연 있었는가

《조선왕조실록》에서 '월대'를 검색하면 단 한 번도 광화문 월대
는 나오지 않는다. 오로지 경복궁 근정전, 창덕궁 인정전, 경희궁 숭
정전 같은 궁궐 정전 월대만 나온다. 광화문 월대는 없다.

그런데 대한민국 문화재청 보고서에는 이렇게 기록돼 있다.

세종 때 조성된 월대는 임진왜란으로 경복궁이 화재로 소실되면
서 사라진 것으로 판단되며, 1867년 경복궁 중건 당시 광화문과
함께 다시 세워진 것으로 추정된다.[31]

이 '추정의 근거'라고 인용한 기록이 바로 이 글 앞쪽에 있는 《세
종실록》 기록이다. 자세하게 읽어보자.

예조판서가 아뢰었다. "광화문 문밖에 섬돌이 없어서 관리들이 문 지역까지 타고 와서야 말에서 내리니 타당치 못하나이다. 그리고 명나라 사신이 출입하는 곳을 낮고 누추하게 버려두는 것은 부당하니 계단과 둘레를 쌓고 안바닥을 포장해 한계를 엄중히 하게 하소서." 그러자 임금은 "바야흐로 농사철에 접어들었는데 어찌 민력民力을 쓰겠는가"하고 윤허하지 아니하였다.[32]

이 논의가 있었던 날은 1431년 3월 29일이다.

이날이 어떤 날인가. 바로 세종이 "농사에 방해될 업무를 정지하고 농사가 끝나면 재개하라"며 춘·추분 사이 무정무개를 선언하고 딱 열흘 뒤다.

당연히 월대를 만들겠다는 보고는 일고의 여유도 없이 기각됐다. 실록에 따르면 월대 공사 허가 신청 기각 19일 만인 4월 18일 '광화문이 이룩되었다[光化門成·광화문성].'[33]

이 기사가 문화재청 보고서에 나온 '세종 때 조성된 월대'의 유일한 근거다.

우습다. '공사를 금했다'는 기록이 월대를 '만들었다'는 근거라고 한다. 실록에는 19일 뒤 광화문이 완성됐다고 기록돼 있는데, 문화재청은 '이때 월대도 완성됐을 것'이라고 추정한다.

각종 기록이 증언하는 '월대 없음'

그런데 실록을 포함한 각종 고문서는 물론 그 어떤 고지도에도 광화문 월대는 보이지 않는다. 이는 문화재청 보고서도 인정하는 사실이다.[34]

다음 사진은 서기 1550년 명종 때 비변사라는 관청 관리들이 육조거리에 있는 비변사에서 모임을 가진 모습을 담은 그림이다. 〈비변사계회도備邊司契會圖〉라고 한다. 이 그림에는 백악산(북악산)이 과장되게 그려져 있고 육조거리와 임진왜란 때 불타기 전 경복궁 풍경이 사실적으로 그려져 있다. 자기들이 근무하던 비변사는 주인공답게 큼직하게 그려져 있다.

경복궁 부분을 확대한 아래 사진을 본다. 산 아래 근정전(큰 건물), 그 앞 근정문, 그리고 그 앞 홍화문이 있고 맨 앞쪽으로 궁장(궁궐 담장) 한가운데에 2층 누각이 있는데, 이게 광화문이다. 광화문과 앞쪽에 서 있는 두 사람 사이에 무엇이 보이는가. 월대가 없다. 아무것도 없는 공터다.

만일 이 그림이 상상화거나 수준 미달이라면 모르겠지만, '과장성'을 감안하더라도 수준 높은 사실적 풍경화다.

만일 '월대'라는 왕권을 상징하는 구조물이 존재했다면 이를 그려 넣지 않을 이유가 없다. 아니, 그리지 않았으면 안 된다. 그런데 왜 없는가. 실존實存하지 않았기 때문이다. 세종이 월대 공사를 금지한 이래 광화문은 월대 없이 임진왜란을 맞은 것이다. 이 그림이 그 결정적인 증거다. 문헌만 아니라 땅에서도 근거가 나오지 않았다.

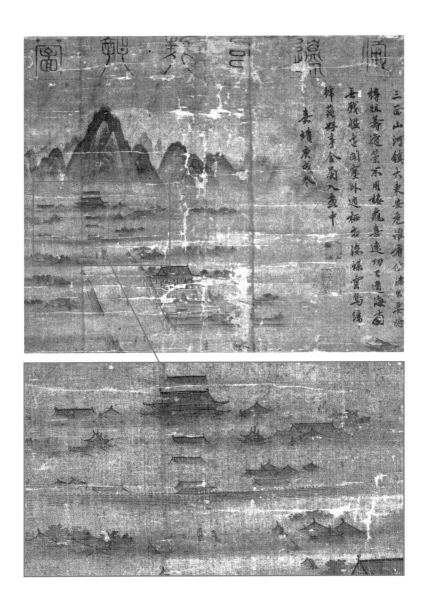

〈비변사계회도〉(1550). 임진왜란 전 경복궁 주변 풍경인데, 확대한 부분 그림처럼, 광화문에 월
대는 보이지 않는다. / 서울역사박물관

2011년 국립문화재연구소《경복궁 발굴조사 보고서》에는 이렇게 적혀 있다. '고종 연간 월대 기단석 하부, 태조 연간 층위에서 잡석이 일부 확인되었다. 20×30×25센티미터 크기의 잡석이 4~6개가량 월대 기단 석렬에 맞춰 확인됐으나 조사 면적의 한계로 태조 연간 월대 시설의 흔적으로 판단하기에는 무리가 따른다.'[35]

태조 연간, 그러니까 경복궁 건설 때 월대가 있었다는 기록 또한 그 어디에도 없다. 국립문화재연구소도 '경복궁 창건 당시에는 월대 시설이 있었는지는 기록에 남아 있지 않아 확실히 알 수 없다'고 판단했다. '판단하기에 무리가 따른다'는 문장 뒤에는 이렇게 적혀 있다. '세종로 쪽으로 확장 조사가 가능할 때 선대 유구에 대한 추가 조사를 실시해야 할 것이다.' 조사를 실시한 뒤에 복원 여부를 결정하는 게 순서라는 뜻이다.

백성과 소통했던 공간이라고?

세종 본인이 설정한 무정무개 기간 종료일은 추분일이다. 양력으로 9월 23일 전후다. 그러니 1431년 10월까지 농민들은 공식적으로 밭을 갈고 추수하는 데 전력을 다 했다. 갓 시행된 무정무개법을 위반하고 왕명을 어기면서 월대를 만들었다고는 상상할 수 없다.

그러나 인간이 하는 일이니 공사기간에 쫓긴 공명심 강한 관리들이 세종 몰래 월대 공사를 강행했다고 상상해본다. 공사 참가자 또는 목격자들 그 누구도 이를 구중궁궐 안에 사는 세종에게 고자질하지 않았다고 상상해본다. 거기에다 실록 사관史官이 '세종이 다시 공사를 허가했다'라는 사실을 잊어먹고 기록하지 못했다고 상상해본다. 이 복잡하고 어려운 상상에 성공했다 하더라도 문제는 또 있다.

과연 그 월대가 왕이 백성과 소통했던 공간인가?

광화문과 월대는 원래 하나의 건축물로서 월대는 광화문의 얼굴이며, 월대 복원은 왕도정치와 시민주권을 연결하고 소통하는 역사적 가치와 화합·통합의 미래적 가치를 담는 상징적 표현임.[*]

광화문 월대는 행사용 무대와 같은 기능으로 사람들에게 구경이 가능하도록 개방되었다는 점에서 금단의 영역인 궁궐과 백성의 거주지 사이를 연결해 주는 역할로 의미가 있다.[**]

과연 그랬을까. 기록을 보면 그리 소통의 공간은 아니었던 듯하다. 1431년 세종은 건국 이후 경복궁 궐내까지 개방돼 있던 경복궁 출입을 광화문부터 막아버렸다. 실록은 이렇게 기록했다. "금후로는 광화문에 부녀자들 출입을 금하고, 영제교 뜰과 근정전 뜰에도 또한 들어오지 못하도록 하라."[36] 이를 어긴 여자들에게는 법 적용이 어김없이 엄격했다. 1441년 세종 넷째 아들 임영대군 이구와 영빈 강씨 소생 6남 화의군 이영이 야밤에 여자 둘을 광화문을 통해 궁으

---

[*] 〈2020년도 문화재위원회 제9차 사적분과위원회 회의록〉, 문화재청, 2020년 9월 9일
[**] 명지대 한국건축문화연구소, 〈경복궁 광화문 월대 및 동·서십자각 권역 복원 등 고증조사 연구용역 보고서〉, 문화재청, 2018, p.47

로 들여보내다가 적발됐다. 두 왕자는 방면하고 두 여자는 장 100대를 치고 제주 관비로 쫓아버렸다.[37]

인종 때는 광화문 앞 집회를 금지했다. '광화문 밖에서 산대山臺('산디'라고도 읽는다) 놀이를 봤는데, 본래 이는 중국 사신을 위한 잡희가 아닌가. 다시는 이렇게 하지 말라.'[38] 보름 뒤 이 산대가 무너져 군중 수십 명이 깔려 죽었다. 세 살 난 주인집 아이를 업고 온 노비도 죽었다.[39] 군중을 동원해 광화문 앞에서 벌인 접대용 매스게임을 금하라는 명이었고, 결국 참사가 터지고 말았다는 기록이다.

요절한 인종 다음 왕인 명종은 1555년 명 황제 칙서를 들고 귀국한 사은사를 그 광화문 밖까지 나아가 맞이했고[40], 임진왜란 발발직후 북쪽으로 달아난 선조와 관료들을 보면서 백성은 경복궁에 난입해 궁궐을 불태웠다.[41] 불태웠다! 월대가 있었다면 이 월대까지 다 태워버리고 파괴했을 그런 분노가 광화문 앞 공간에 흘러넘쳤다. 그런데 소통이라고? 전후 경복궁을 중건하는 공사에 그 백성이 투입됐는데 '겨우 벌목을 시작했을 뿐인데도 산골 마을에는 도망하여 떠도는 자가 즐비한' 참담한 일이 벌어졌다.[42] 흥선대원군이 광화문 앞에서 소통을 하기 위해 월대를 만들었다고 '추정'한다면 한참 잘못된 추정이다. 월대는 한 건축물, 나아가 그 건축물 주인의 권위를 상징하는 구조물이지 수평적 소통과는 거리가 먼 존재다.

경복궁 서쪽 경희궁에서 근 20년을 살았던 영조는 경복궁 동쪽 창덕궁에 들렀다 돌아오며 광화문을 지나 '경희궁 정문인 흥화문에 이르러' 백성의 상언[43]을 받아들였다.[44] 영조는 또 광화문 밖에 유생 수천 명을 모아놓고 "오늘 상소를 하면 불문에 부치되 앞으로는 역률逆律 역적죄로 다스린다"고 선언했다. 그리고 모인 유생들 리스트를 작성한 뒤 어린 유생에게 구두 시험을 치고 성적 불량자는 대사성大司成(성균관 관장)에게 매를 치게 했다.[45]

이런 기록들은 월대 유무를 떠나 광화문 밖 공간이 백성 친화적이거나 소통을 위한 공간이 아니었음을 극명하게 보여준다. 그런데 소통이라니. 따라서 '금단의 영역인 궁궐과 백성의 거주지 사이를 연결해 준다'고 한 문화재청 보고서는 보고서가 아니라 괴담소설이다.

57년 동안 존재했던 월대, 100년 넘게 있었던 길

뒷쪽 1760년대 〈도성대지도〉에는 그 당시 경복궁이 그려져 있다. 임진왜란 이후 경복궁은 폐허가 돼 있다. 목조 건물은 다 불탔지만 석조물은 대개 살아남았다. 주춧돌, 기둥 같은 석재다. 경회루는 돌기둥 몇 개만 남고 사라졌다. 이런 폐허 장면은 겸재 정선이 그린 그림에도 똑같이 묘사돼 있다. 이 지도 속 광화문을 본다. 광화문은 아치형 홍예문이 세 개다. 그런데 이 그림을 보면 돌로 만든 홍예문은 그대로인데 지붕을 포함한 위 목재 구조물은 동쪽 지붕만 남고 사라져 있다. 돌로 만든 월대는 표시돼 있지 않다. 이 지도에 그려진 창덕궁 돈화문과 경희궁 흥화문 월대도 표시돼 있지 않다. 따라서 광화문에 월대가 존재하지 않았다는 직접 증거로 삼을 수는 없지만 월대가 가지는 의미가 그렇게 중요하지 않았다고 추정할 수 있는 근거는 된다.

〈도성대지도〉(1760년대) 경복궁 부분. 경회루는 돌로 만든 기둥만 남아 있다. /서울역사박물관

'광화문 월대'라는 단어 자체가 기록에 등장한 시기는 고종 3년인 1866년이다. 흥선대원군이 주도해 중건한《경복궁영건일기》1866년 3월 3일자에는 이렇게 적혀 있다.

광화문 앞에 월대를 쌓았다. 궁 안에서 짊어지고 온 잡토가 4만 여 짐에 이르렀다.[46]

이 '영건일기'는 경복궁에 남아 있던 옛 석재와 목재를 재활용할 때는 반드시 재활용했다는 기록을 남겼다. 예컨대 '근정전 앞 문무 품 품계석 각 12개는 헐어버린 간의대 옥석玉石으로 만들었다'는 식이다.[47] 그런데 '광화문 월대 완성' 기록에는 월대 자리에 있었어야 할 옛 석재에 대한 언급이 없다. 기초석이 됐든 지상에 올린 구조물이 됐든 모두 새로 부재를 만들어 신축했다는 뜻이다.

대원군이 만든 이 월대 또한 백성을 위한 공간은 아니었다. 경복궁 담장 동서로 육조 건물이 붙어 있고 그 가운데에 월대가 들어서 있다. 육조거리를 횡단하려는 사람들은 궁궐 담장과 육조 건물 사이 비좁은 골목에서 월대 남쪽 끝까지 우회한 뒤 다시 월대 옆으로 지나가야 동서 통행이 가능했다. 다시 말해 월대 영역은 백성이 함부로 지나갈 수 없었던 조선 왕실의 폐쇄된 공간이었다.

학계에서는 이 월대가 1923년 광화문 앞 전차 선로 개설과 함께 철거됐다고 추정한다.[48] 그러니까 1866년에 신설돼 길어야 딱 57년 존재했던 구조물 복원을 위해 식민시대를 포함해 지금껏 100년 동안, 아니 어쩌면 조선 개국부터 지금까지 근 550년 동안 존재했던 길이 사라지는 것이다. 이미 1915년 사진에도 월대는 난간석만 남겨 놓고 존재감이 없는 돌덩이로 변해 있었다. 70쪽에 있는 1915년 총독부가 경복궁에서 개최한 '조선물산공진회' 사진이 그 증거다.

과연 고종 이전 조선시대에 월대는 존재했었는가. 복원에 앞서 조사는 이뤄졌는가. 과연 왕과 백성이 소통하고 화합하던 상징적 공간이었는가. 근거는 무엇인가. 광화문 앞 도로를 T자형 및 Y자형 으로 순차 재구조화, 광장 조성 및 월대 복원 사업 예산은 국비 290

1915년 '조선물산공진회' 사진. 이미 월대는 용도폐기된 상태다. / 서울역사박물관

억 원과 서울시비 778억 원, 합계 1,068억 원이다.[49]

조선왕조 500년 가운데 400년 넘도록 존재한 적 없던 건축물 하나를 '복원'한다면 그 이유는 무엇인가.

경복궁 복원공사가 한창이다. 문화재청에 따르면 그 복원 기준연대는 '고종 때의 최종 경복궁 완공 시점인 1888년부터 궁궐로서의 기능 상실 이전 시기인 1907년까지'다.[50] 광화문 월대에 대해서도 동일한 기준을 적용하겠다는 게 문화재청 지침이다. 무슨 말인가.

아스팔트를 뒤집어엎고 발굴을 했을 때 **고종 이전 시대 월대 흔적이 나오지 않더라도 월대 복원공사를 강행하겠다는 뜻**이다. 그렇다면 '백성과 소통하는 공간으로 활용했다'는 월대 복원 명분은 일찌감치 쓰레기

통에 집어넣었다는 뜻이다. 그러니 '조선 500년'이라는 장구한 시간 내내 월대가 존재했다는 착각을 대중에게 불러일으키는 기만적인 수사법이 아니고 무엇인가.

그래서 고종시대를 복원하겠다고? 백성과 왕실을 완벽하게 절연시키고 권력자가 백성 위에 군림하던 그 상징을 복원하겠다고? 부디 땅부터 파보고 복원 운운하기 바란다. 뭐가 나오면 다행이다. 그때는 '소통의 공간'이라는 명분을 취소하고 월대를 복원하면 된다. 아무것도 안 나오면 머리를 조아리고 얼른 다시 덮으라.

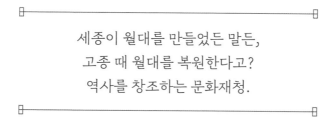

세종이 월대를 만들었든 말든,
고종 때 월대를 복원한다고?
역사를 창조하는 문화재청.

4장

일본군 말 위령비가
조선 왕실 제단이라고?

───── ✺ ─────

일본 말 귀신들에게
제사지내겠다는 전문가들

괴담

1

문화재청은 용산 미군기지 내 미대사관 예정부지(캠프 코이너) 약 2만 4,000평에 대한 지표조사를 국립문화재연구소에 의하여 2005년 6월 16일, 28일(2일간) 실시하였습니다. 조사결과 소량의 조선시대 토기편 및 백자편, 기와편 및 석재를 비롯하여, 조선시대 제천행사를 거행하던 '남단南壇' 자리(추정)를 확인한 바 있습니다.(2006년 문화재청 확인감사 김재윤 의원(민주당) 서면답변)

2

"거기예요. 그것이 있는가 없는가 봤더니 있어요. 남단이 있는 게 아니라, 주춧돌과 위에 흐트러져 있는 게 이 자리다, 하는 사이트는 정확하게 짚을 수 있고. 그 남단의 의미는 굉장히 크고…."(유홍준 용산공원조성추진위원회 민간공동위원장, 2020년 1월 7일 CBS 〈시사자키 정관용입니다〉 인터뷰)

진실

문화재청과 유홍준이 말하는 '하늘에 제사지내던 남단'은 일본군 포병부대의 군용 말 위령탑.

왕실이 천제天祭를 올리던 '남단'

국토교통부 산하 용산공원조성추진기획단 홈페이지(www.park. go.kr)에는 '용산공원 10경'이라는 슬라이드가 게시돼 있다. 이 가운데 제10경은 조선시대 하늘에 제사를 지냈던 '남단南壇 풍운뇌우단'이다. 이 '남단'은 미군기지 북쪽 캠프 코이너 구릉지대에 있다. 얕은 구릉 끝 쪽에 화강암을 깎은 두 기둥이 누워 있고, 그 사이에 자연석이 앉아 있다. 기둥 바깥으로 철 난간이 보인다. 앞에는 '훼손 금지'라는 영문 안내판이 서 있다. 2005년 당시 문화재청장 유홍준과 사적분과위원들이 공식 현장 조사를 통해 "이곳이 바로 남단 터"라고 결론을 내린 장소다. 다음 쪽의 두 사진이 그 풍경을 담고 있다. 각각 2016년과 2019년 촬영한 사진이다.

2005년 문화재청 조사 과정에서 이 터가 발견되면서 1897년 대한제국 황제 고종이 서울 소공동에 원구단을 세우기 전 조선 왕실이 하늘에 제사를 지내던 제단의 실체가 처음으로 확인됐다. 문화재청은 이곳을 문화재로 가지정했고, 남단 터 북서쪽 주한 미국 대사관 부지는 남단 터만큼 축소됐다. 국토교통부가 내놓은 공원 설계도에는 이 남단으로 진입하는 작은 출입구가 있는데, 출입구 이름 또한 '남단 출입구'다. 이제 사실인지 보자.

〈사진 1〉
2005년 문화재청이 '조선 왕실이 하늘에 제사지내던 남단 흔적'이라고 발표한 용산공원 부지 석물의 2016년 촬영 사진. 그런데 이 석물들은 남단이 아니라 1941년 이곳에 주둔해 있던 일본군 야포병연대의 군마軍馬 위령비 부속물들이다. 사진 앞쪽 기단에 박혀 있는 철 난간 또한 위령비 흔적이다. 미군 캠프 코이너 부지에 있다.

〈사진 2〉
2019년 위 식물을 옆에서 촬영한 사진. 실제는 1941년 이곳에 주둔해 있던 일본군 야포병연대의 군마軍馬 위령비 기단이다. 일본식 축성방식으로 쌓은 기단 모서리가 명확하다. /용산학연구센터장 김천수

일본 군마軍馬 추모비가 조선 왕실 제단?

2005년 현장 조사에 참가했던 당시 문화재청장 유홍준(용산공원 조성추진위원회 민간공동위원장)은 이렇게 말했다.

"(남단 위치가) 거기예요. 그것이 있는가, 없는가 봤더니 있어요. 남단이 있는 게 아니라, 주춧돌과 위에 흐트러져 있는 게 이 자리다, 하는 사이트는 정확하게 짚을 수 있고. 그 남단의 의미는 굉장히 크고…."[51]

결론부터 말하자. 문화재청이 현장 조사와 문헌 조사를 통해 확정해놓은 '조선 왕실이 하늘에 제사 지내던 남단'은 조선과 무관하고 제단과도 상관없는 '일본군 군용마 비석'이다.

78쪽 〈사진3〉이 1941년 이 캠프 코이너 부지에 주둔하던 일본군 제26야포병연대가 세운 그 비석이다. 비석에는 '愛馬之碑(애마지비)'라고 새겨져 있고 그 아래 자연석, 그 아래 일본 전통 축성 방식으로 쌓은 기단, 기단 위로 철 난간이 보인다. 이 사진은 용산학연구센터장 김천수가 발굴해낸 당시 사진엽서다. 엽서 오른쪽 아래에는 '馬魂碑 朝鮮 第26部隊(마혼비 조선 제26부대)'라고 인쇄돼 있다. 일본군 야포병연대가 포를 운반할 때 동원했다가 죽은 군용 말들을 위해 만든 추모비라는 뜻이다.

이제 76, 78쪽 세 사진을 비교해보자. 촬영 시기는 1941년, 2016년, 2019년. 80년 세월이 흘렀지만 촬영된 장소와 피사체는 동일하

〈사진3〉

문화재청이 '남단 유구'라고 주장하는 석물의 정체. 1941년 일본군 제26야포병연대가 만든 군마 위령탑이다. '愛馬之碑(애마지비)'라고 새긴 비석 몸통이 자연석에 꽂혀 있다. 비석 주위에는 철 난간을 둘러놓았다. 비석을 꽂았던 돌도, 철 난간도, 일본식 돌기단도 고스란히 남아 있다. 이 1940년대 사진엽서 아래에는 '馬魂碑 朝鮮第26部隊(마혼비 조선 제26부대)'라고 인쇄돼 있다. 일본군 야포병연대가 포를 운반할 때 동원했다가 죽은 군용 말들을 위해 만든 추모비라는 뜻이다. /용산학연구센터장 김천수

다. 76쪽 〈사진1〉에는 비석을 꽂았던 자연석과 기단에 설치한 철 난간이 보인다. 〈사진2〉에는 1941년 사진엽서에 보이는 일본식 기단이 명확하게 보인다. 안쪽으로 오목하게 휜 모서리 각도는 흔한 일본식 축성 방식과 동일하다.

미군 정찰기가 촬영한 군마비

2005년 문화재청장 유홍준과 사적분과위원들이 본 주춧돌은 이 일본군 말 비석 지지석이다. 외형부터 주춧돌과 다르다. 조선시대 목조 건물 주춧돌과 전혀 형식이 다른, 일본군 작품이다. 《세종실록》에는 남단 풍운뇌우단 규모가 '사방 2장 3척에 높이 2척 7촌'이라고 기록돼 있다.[52] 가로, 세로 각 7미터에 높이 80센티미터짜리 '제단'이다. 토지신과 곡식신 제단인 사직단보다 조금 작다. 두 제단 모두 주춧돌 위에 기둥을 세워야 하는 '건물'이 아니라 벽과 지붕이 존재하지 않는 '제단'이다.

1953년 8월 5일 미군이 촬영한 80쪽의 항공사진에도 마혼비가 보인다. 얕고 좁은 구릉에 계단이 나 있고 구릉 위 왼쪽에는 원형 구조물이, 오른쪽에는 사각형 구조물 윤곽이 나타나 있다. 당시 또 다른 사진엽서에는 이들 구조물을 건설하던 무렵 공사 현장도 촬영돼 있다. 사진은 많은 역사를 증언하고 있다.

또 문화재청이 '남단 유구遺構'라고 발표한 비석 기단 잔재 옆에는 기다란 화강암 하나가 누워 있다. 그런데 이 생김새가 마혼비 비석 자체와 유사하다. "조심스럽지만, 그 돌을 뒤집으면 실체를 알 수 있지 않을까 한다."(용산학연구센터장 김천수)

2005년 이후 문화재청은 미군기지 내에 있는 이 구조물에 대해 추가 조사를 하지 못했다. 이후 '일본군 말 비석'은 '조선 왕실 천제단 유구'로 확정됐다. 대한민국 문화재청이 이를 조선 왕실 천제단

← 남산 방향　　용산중학교　　　　　　　　　　　　　　　　　　한강 방향 →
　　　　　　　　(현 용산고등학교)

현 남단 추정지

삼판소학교
(현 삼광초등학교)

일본군 군마비 위치

후암천
(1960년대 복개)　　　　　　　현 두텁바위로

1953년 8월 5일 미군 정찰대가 촬영한 용산기지. 용산고등학교로 가는
현 두텁바위로 옆으로 복개되지 않은 후암천이 보인다. 문화재청이 '남단 터'로 발표한 자리(동그
라미 표시)에는 계단 좌우로 원형 및 사각형 구조물 윤곽이 보인다. /미국 국립기록관리청(NARA)

이라 하고 보존과 복원을 궁리 중이다. 국토교통부는 '용산 10경'에
선정했다. 코미디 같은데 웃을 수가 없다.

여기가 남단 터라고?

현존하는 각종 서울 고지도에는 남단 위치가 어김없이 표기돼
있다. 실측도가 아니기에 정확하지는 않다. 하지만 '물길'과 '산줄
기'를 찾아보면 대략적인 위치를 추정할 수 있다. 1860년대 김정호
가 만든 대동여지도 부속 〈경조오부도〉도 마찬가지다. 다음 사진이

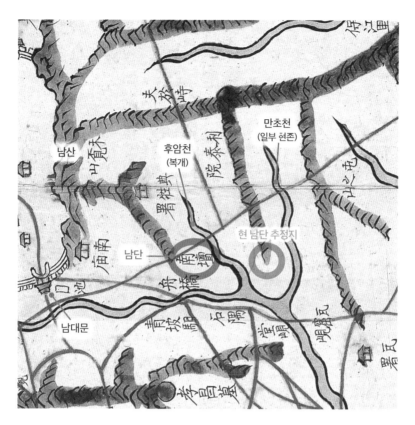

1860년대 김정호가 그린 〈경조오부도〉(항공사진과 비교하기 위해 왼쪽으로 90도 눕혀놓았다). 남단은 남산 방향인 후암천 북쪽에 표시돼 있다. 지금 삼광초등학교 부근으로 추정된다. 문화재청이 추정한 현 남단 터는 대동여지도에 표시된 위치와 거리가 멀다. / 서울역사박물관

〈경조오부도〉다.

지도에는 '남단'이 현 후암천과 남산 사이에 표시돼 있다. 그리고 당시 역참이었던 청파역青坡驛에서 동쪽이다.

'풍운뇌우단은 남교南郊 청파역동青坡驛洞 송림 사이에 있는데 남단南壇이라고 부른다. 남향南向이다.'[53]

지도를 보자. 남단(붉은 동그라미)은 Y자로 갈라진 두 물줄기 가운

데 북쪽 물줄기와 남산 사이에 있다. 이 물줄기는 후암천이다. 후암천은 1962년 복개돼 남영동에서 용산고등학교로 이어지는 아스팔트 도로로 변했다. 용산기지 캠프 코이너 바깥이다. 그런데 문화재청이 남단이라고 발표한 남단 터는 아직 기지 내에 남아 있는 만초천 북쪽 산줄기 끝이다.

고지도가 아무리 부정확해도 물길 남과 북이 바뀔 수는 없다. 그런데 문화재청 조사단은 후암천 북쪽이 아니라 '후암천 남쪽 – 만초천 북쪽' 사이에서 남단 터를 발견했다고 주장했다.

어떻게 이런 오류가?

조사가 허술했던 탓이다. 문화재청이 남단 위치를 조사한 2005년 남단 남쪽에 있던 후암천은 도로 아래 복개된 이후였다. 남단 추정지를 표시한 앞 80쪽 항공사진을 보면 복개되지 않은 후암천이 보인다. 이 후암천이 1962년 복개돼 도로로 변했다는 사실을 알지 못한 상태에서 2005년 문화재청 조사단이 남단을 찾은 것이다. 그러니까 〈경조오부도〉에 그려져 있는 물줄기 하나가 도로 아래에 묻혀 있다는 사실을 전혀 알지 못한 채 '공원 부지(미군기지) 안 만초천 북쪽에 구릉이 있고 돌들이 흩어져 있으니' '바로 이게 남단 터'라고 졸속 발표해버린 것이다.

아스팔트 도로로 변한 실개천 하나 제대로 파악하지 않고 떠벌인 무용담이 결국 국민들로 하여금 일본 군마 귀신에 절을 하게 만들 뻔한 코미디를 탄생시켜버렸다. 참으로 대단한 학자들로 구성된 조사단과 그 조사단을 총괄하는 어마어마한 문화재청장님이시다.

용산공원 부지 안에 있는 돌들이 옛 일본 군마 위령탑이라는 사실은 틀림없다. 하지만 남단의 '위치'에 대해서는 아직 더 검증할 필요가 있다.

식민시대 총독부에서 만든 《경성부사》에는 이렇게 기록돼 있다. '용산중학교 동쪽에서 야포대 병영 뜰 북부에 이르는 작은 언덕 '남쪽'에 남단이 있었다. 언덕은 깎아서 평탄한 도로가 되었다.'[54] 남산에서 용산고등학교에 연결된 언덕은 지금 도로가 나 있다. 그 남쪽에 남단이 있었으니 복개된 후암천 북쪽, 현 삼광초등학교 자리일 확률이 크다.[55]

그런데 1936년도판 《경성부사》 2권 873쪽에는 남단 위치가 '야포병영 중앙운동장 남쪽 끝'이라고 돼 있다. 이에 따른다면 문화재청이 남단 터라고 발표한 그 언덕 부근도 가능성이 크다. 즉, 이미 대한제국 멸망과 함께 남단이 황폐화된 이후 남단에 대한 기록 자체가 혼란에 빠졌다는 이야기다. 따라서 문헌에 대한 검증이 더 필요한데, 학계에서는 이 작업이 이뤄지지 않았다.

여기에 백두대간 '생태축'이?

현 용산공원 설계자는 네덜란드 조경가 구즈와 건축설계사무소 '이로재' 대표인 한국 건축가 승효상이다. 승효상은 〈대동여지도〉를 근거로 '한북정맥'에서 이어지는 용산 생태축을 되살려 한강 건너까지 잇겠다고 했다. 승효상은 이를 위해 네덜란드로 날아가 구즈에게 〈대동여지도〉를 보여주며 끊긴 맥을 살려야 한다고 했고, 승효상에 따르면 구즈는 승효상으로부터 '정신적으로 큰 영향을 받았다 spiritually impact고 답했다'고 한다.[56]

또 다른 발표회에서 승효상은 이를 전문용어를 인용해 설명했다.

'용산은 한강과 연결해주면 백두산의 어떤 에콜로지컬 엑시스(생태학적 축)가 흘러 한강까지 이어지는 그 와중에 있는 공원이라는 관점에서 굉장히 중요합니다.'[57]

자, 승효상 주장은 괴담이다. 그가 애지중지하는 〈대동여지도〉를 보면 된다. 〈대동여지도〉에는 현 공원 부지에 산줄기가 딱 하나 표시돼 있다. 그리고 그 산줄기는 여전히 공원 안에 남아 있다. 그러니 '단절돼 있던 자연을 다시 잇는 작업'은 터무니없다(이 산줄기 이야기는 곧 이어진다).

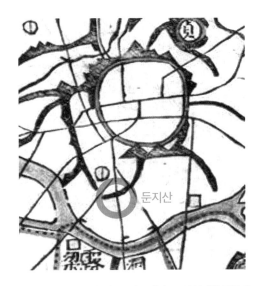

'둔지산' 산줄기가 표시돼 있는 〈대동여지도〉 부분. / 한국학연구원

그렇다면 한북정맥은? 용산과 전혀 관계가 없다. 저 〈대동여지도〉를 보면 한북정맥은 서울 북쪽으로 흘러간다. 따라서 '한북정맥'을 앞세운 '생태축 복원' 주장도 터무니없는 괴담이다.

대개 괴담은 맹랑할 정도로 감동적이고 드라마틱하며 자극적이다. 그렇기에 일반 대중은 '괴담을 인용한 전문가의 주상'에 슬프리만치 순종적이다. 그래서 괴담은 지극히 위험하다. 특히 전문가라 자칭하는 사람들이 괴담을 사실인양 내세운다면.

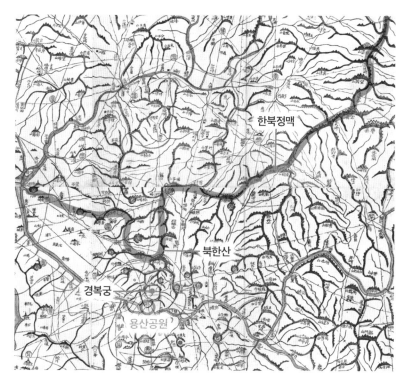

〈대동여지도〉(1861)에 표시한 한북정맥과 용산공원 지역. 지도상 공원 부지 내 유일한 산줄기인 둔지산 줄기는 지금도 남아 있다. 그리고 산경표에 나오는 '한북정맥'은 용산공원과 거리가 멀다. / 한국학연구원

복원할 역사, 사라진 둔지방

1904년 러일전쟁을 계기로 일본군은 대륙 진출을 위한 군용철도를 건설하는데, 그 정거장 위치가 현 신용산역이다. 철도역 주변과 군사기지를 중심으로 일본인 신시가지가 급속도로 건설됐다. 그 철도 동쪽에 건설한 군사기지를 일본군은 용산기지라고 불렀다. 용산공원 역사 설정을 주도한 유홍준은 이렇게 말했다.

"거기 있는 산을 용산이라고 그랬으니까. 용 용자에 뫼 산자로 해서."*

용산이 용산공원에 있다고? 괴담이 아니라 무식이다. 문화재청장을 역임하고 용산공원 설계를 총책임지는 지식인 입에서 이런 천박하고 무식한 말이 튀어나오다니. 믿을 수 없다.

유홍준이 말한 '거기' 용산공원 부지에는 용산龍山이라는 산도 없었고 따라서 아무도 이곳을 용산이라고 부르지 않았다.

옛 용산은 서대문 쪽 안산 줄기에서 한강 쪽으로 뻗어 있는 산줄기가 용을 닮아 붙은 이름이다. 지금 원효대로 좌우측 지역, 구체적으로는 숙명여대-효창동-공덕동-용문동-원효로2가 지역이 옛 용산이다. 그래서 조선 후기 공식 명칭은 '용산방'이었다.

그렇다면 용산공원 부지는 무엇이었나. '둔지방屯之坊'이었다. 용산방은 '용산'을 중심으로 한 행정구역이었고 둔지방은 이곳에 있는 '둔지산屯之山'을 중심으로 존재했던 행정구역이었다. 둔지방에

---

* 유홍준, 2020년 1월 7일 CBS 〈시사자키 정관용입니다〉 인터뷰

있는 산 이름은 유홍준이 믿는 것처럼 '용산'이 아니라 '둔지산'이다. '자연이 단절돼 있다'는 승효상 주장과 달리 엄연하게 지금 용산공원 안에 우뚝 솟아 있는 그 둔지산이다. 84쪽 작은 〈대동여지도〉에 붉은 원으로 표시된 산줄기가 바로 둔지산이다. 용산이 아니라 둔지산이다. 지금도 여전히 존재하는 따라서 '다시 잇는 작업'이 필요 없는 둔지산이다.

아무런 역사적 배경과 맥락을 알지 못하는 전문가, 현장에 엄존하는 지형지물을 무시하고 자기주장을 내세우는 전문가. 이들이 괴담 생산을 담당한 사람들이다.

어설픈 역사 복원의 재복원

그리고 둔지방에는 둔지미라는 마을이 있었다. 1906년과 1916년 일본군은 둔지미 주민을 보광동 일대로 강제 이주시키고 병영을 건설했다. 공원 부지에는 각종 석물을 비롯한 둔지미 흔적이 남아 있다. 국립중앙박물관 남쪽 동부이촌동 아파트촌에는 경원선 철도 건널목이 있다. 건널목 이름은 '돈지방 건널목'이다. 공식적으로 사라진 마을과 행정구역 명칭이 이렇게 관습적으로 변형돼 남아 있다.

한성에서 남대문을 나와 한강으로 가던 옛 길도 남아 있다. 그런데 용산공원 설계도에는 둔지미와 이들 옛길에 대한 고려가 보이지 않는다. 서울시는 오히려 일본군과 총독부가 만든 '한강대로'를 '국가상징거리'로 조성할 계획이다.

서울 용산 동부이촌동 경원선 철길 '돈지방 건널목'.

용산공원 내 미군 드래곤힐스 호텔 정원에 있는 둔지미 마을 석물들.

100년 넘도록 외국이 점유했던 땅이었다. 그 땅에 얽힌 역사를 복원하려면 당연히 똑바로 해야 한다.

건축에 대한 승효상 철학을 상징하는 글이 있다. 본인이 쓴《지문地文》(열화당, 2009)이라는 책이다.

터무니라는 말이 있다. '터―무늬'에서 파생된 이 말은 말 그대로 터에 새겨진 무늬를 뜻한다. 터무니없다는 것이 근거 없다는 말이고 보면, 터에 새겨진 무늬를 몽땅 지우고 백지 위에 다시 짓는 재개발 같은 사업은 터무니없는 사업이요, 그 결과로 얻어져 판에 박은 아파트에 사는 삶은 터무니없는 삶 아닐까. 그래서 도시의 유목민이 된 우리의 삶은 떠돈다.[58]

2018년 11월 8일 용산기지 내 남단 터를 견학 중인 당시 국무총리 이낙연과 국가건축위원회 위원장 승효상(가운데 안경 쓴 사람). / 조선일보DB

2018년 11월 2일 용산기지 내 남단 터를 설명하고 있는 유홍준(철책 왼쪽 안경 쓴 사람). /조선일보DB

문화재청이 남단 유구라고 주장하는 또 다른 석물.

본인이 귀를 열고 들어야 할 철학 아닌가.

남단, 옛길, 둔지미 등 역사와 전통에 대한 관심과 고민 그리고 깊이 있는 생각이 없다는 게 문제가 아닐까 한다. 남단 터의 어설픈 확정도, 공원 명칭도. 역사를 진중하게 바라보려는 인식이 더 필요하다.(용산학연구센터장 김천수)[59]

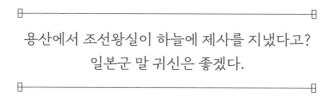

용산에서 조선왕실이 하늘에 제사를 지냈다고?
일본군 말 귀신은 좋겠다.

5장

고종이 '고종의 길'을 통해 러시아공사관으로 달아났다고?

'고종도 몰랐던'
고종의 길

덕수궁 북서쪽 폭 3미터 길이 120미터의 작은 돌담길. 가마 한 대가 겨우 통과할 정도의 좁은 이 길로 고종 황제는 러시아 공사관으로 피신했습니다. 명성황후가 시해된 이듬해인 1896년으로, 일본의 위협을 피해서입니다. [안창모 경기대 건축학과 교수]: "뒷길로 해서 사실 경희궁까지 연결돼 있었고, 여기가 미국 대사관저가 있다 보니까 안보 때문에 높이는 조금 조절됐을 거고…."(2018년 7월 30일 〈MBC뉴스〉〈'아관파천' 쓰라린 역사…'고종의 길' 열린다〉)

기초적 고증도 하지 않은 거짓말. 1896년 당시 이 길은 사방이 막혀서 고종이든 누구든 통과가 불가능했다.

지난 2012년 1월 11일 문화재청은 "1896년 조선 26대 국왕 고종이 아관(러시아공사관)으로 피신할 때 지나갔던 〈아관파천 길〉을 복원한다"고 밝혔다. 고종이 일제의 위협을 피해 피신한 길을 근대유산 답사길로 활용한다고 했다.[60] 4년이 지난 2016년 문화재청은 '아관파천 120주년을 맞아 조선의 아픈 역사가 서린 〈고종의 길〉을 복원한다'고 공개했다.

복원 이유는 이러했다. '〈고종의 길〉은 명성황후가 시해된 을미사변 이듬해인 1896년 2월 11일 신변의 위협을 느낀 고종이 일본의 감시를 피해 러시아공사관으로 거처를 옮길 때 비밀리에 이동한 길로 추정되는 곳이다. 대한제국 시기에 미국공사관이 제작한 정동지도에는 선원전과 현 미국대사관 사이의 작은 길을 〈**왕의 길**(King's Road)〉로 표시하고 있다. 문화재청은 일제에 의해 훼철·왜곡된 대한제국의 정체성을 회복하고 근대사의 생생한 역사현장을 보존·활용하여 오랜 시간 역사의 수도로 자리한 서울의 문화적 가치를 더욱 높이는 계기를 마련할 것이다.'[61]

그리고 2018년 마침내 〈고종의 길〉이 완공되고 대중에 공개됐다. 덕수궁 뒷길에서 러시아공사관이 있는 정동공원 뒷문까지 길이 120미터 정도 되는 이 길 복원공사에 투입된 국가예산은 25억 원이었다. 그런데 2022년 현재 이 〈고종의 길〉 중간에 서 있는 안내판에는 이렇게 적혀 있다.

문화재청이 복원해 놓은 〈고종의 길〉. 1896년 2월 고종이 러시아공사관으로 피신한 '아관파천' 사건 때 이용했다고 하는 길이다.

1896년 아관파천 이후 고종이 러시아공사관에 **머물 당시 러시아공사관에서 덕수궁을 오갈 때** 사용한 길로 추정된다.

뭐라고? 아관파천 때 이용한 길이 아니라 아관에 머물 당시 사용했던 길이라고? '일제의 위협을 피해 피신한 길'이라는 복원 명분은 어디로 갔다는 말인가. 결론부터 말하자면 이 길은 아관파천과 0.00001퍼센트도 관계없는 미국공사관 뒷길에 불과했다. 요란하게 〈고종의 길〉 복원을 예고했던 문화재청은 소리 소문도 없이 슬그머니 안내판 문구를 수정해버리는 몰沒 문화적인 짓을 벌였다.

그럼에도 불구하고 '근대국가 건설 의지가 강했던 고종'이라는 괴담스러운[62] 이미지가 남아 있다 보니 많은 이들은 '불운한 개혁 군주 고종이 아관으로 피신할 때 걸어간 길'이라고 믿으며 이 길을 찾는다. 이제 이 황당하기 짝이 없는 25억 원짜리 시멘트길, 진실을 단도직입적으로 알아보자.

아관파천俄館播遷

1896년 2월 11일 새벽, 고종은 당시 살고 있던 경복궁을 빠져나와 러시아공사관으로 들어갔다. 1894년 동학농민전쟁을 일본군이 진압하고 일본 지원을 받은 갑오개혁 정부가 근대화 작업을 진행 중이었다. 일본의 압력이 갈수록 거세지자 개혁 정부 근대화 작업으로 권력이 제한 당했던 고종과 민씨 척족은 당시 영국과 경쟁하며 동쪽으로 세력을 확장하던 제정러시아에 접근했다. 이 친러정책에 자극받은 일본 정부는 1895년 10월 8일 일본 지식인 무리와 반反 고종 조선인 세력을 통해 민비를 암살했다. 4개월 뒤 고종이 러시아공사관으로 피신했다. 이를 '아관파천俄館播遷'이라고 한다.

러시아공사관 체류기간 고종은 수시로 경운궁(덕수궁 옛 이름)을 들락거리며 일본공사를 면담하고 경운궁에 있는 왕실 가족을 만나기도 했다. 만 1년 동안 고종은 매장량이 아시아 최대였던 운산금광을 비롯해 각종 지하자원 채굴권을 서구와 일본 열강에게 판매했다. 판매한 채굴권에는 언제나 고종 본인의 지분이 들어 있었다. 공사관 도주생활 동안 고종은 경운궁 수리를 시작하고 1년 뒤 원래 살던 경복궁이 아니라 이 경운궁으로 환궁한 뒤 1897년 10월 '대한제국'을 선포했다.

공동체에 행복한 미래를 약속하고 설계하기 위해 떠난 길이라면 모르되, 이렇듯 그 피신길은 일신 안전을 위해 달아난 길이다. '흑역사'도 역사이니 보존해야 한다는 말은 맞다. 하지만 흑역사를 나랏돈 들여서 '선양'하고 '기념'하는 나라는 보지 못했다. 그런데 이 〈고종의 길〉이 바로 그 길이다.

복원의 근거, 지도 한 장

2016년 문화재청은 이 길 복원 계획을 밝히며 '대한제국시대 서울 정동 덕수궁 옆에 있었던 미국공사관이 작성한 지도' 한 장을 그 근거로 내놨다. 그 지도에 이 길이 〈King's Road(왕의 길)〉라고 표시돼 있다는 것이다. 봉건시대 조선 수도 한성에서 'King'이라 지칭할 사람은 고종밖에 없으니, 이 지도는 바로 고종이 경복궁에서 러시아공사관으로 도주할 때 이용한 길일 수밖에 없다는 뜻이었다.

99쪽 지도가 문화재청이 내놓은 문제의 지도다.*

* 사실 당시 문화재청은 이 지도를 공개하지 않았다. 기자회견장에서도 문화재청이라는 전문가집단의 공개 발언에 이의를 제기하거나 지도 공개를 요구하지도 않았다. 큰 실수였다고 생각한다.

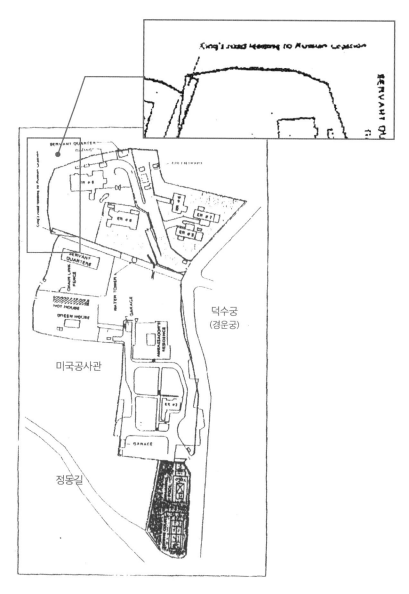

문화재청이 〈고종의 길〉 근거로 제시한 지도. 하지만 이 지도는 아관파천 당시가 아니라 현대
지도다. / 주한미국대사관

이 지도 왼쪽 윗부분 빨간 사각형 부분이 문화재청이 〈King's Road〉라고 밝힌 부분이다. 이를 확대해서 가로로 눕힌 작은 지도를 보자. 미국대사관측이 제공한 지도 위에 필자가 한글 명칭과 위치를 표시했다. 워낙 원본 자체 사이즈가 작은 탓에 다른 글자들도 해독이 쉽지 않지만 특히나 이 〈King's Road〉 부분은 난해하기 짝이 없다. 게다가 그 뒤로 네 단어가 더 있는데 정말 해독이 불가능하다. 참고로 이 옛 공사관 자리는 현재 주한미국대사관 관저로 사용 중이다.

대한제국시대에 차고와 수영장이?

문제는 지금부터다. 지도를 잘 보라.

지도 한가운데 건물에 세로로 'AMBASSADOR'S RESIDENCE'라고 표시돼 있다. 'AMBASSADOR'는 '대사大使'라는 뜻이다. 대한제국시대 한미 관계는 '공사公使' 관계였고, 공사 관사는 'Minister's Residence'라고 표기해야 한다. 그 아래쪽에 GARAGE(차고)와 POOL(수영장), TENNIS COURT(테니스장)가 그려져 있다. 대사 관사 왼쪽에는 CHAIN LINK FENCE(철책)가 쳐진 HOT HOUSE(온실)와 SERVANT QUARTERS(고용원 숙소)가 보인다. 슬슬 이상하지 않은가.

지도 위쪽에는 미 대사관 직원 숙소로 사용한 건물 다섯 채가 그려져 있다. 숙소 지역과 본관 사이 길 가운데에는 WATER TOWER (급수탑)도 있다. 이 건물들은 원래 조선저축은행 임원 숙소로 사용됐던 건물들이다. 현 제일은행 전신이었던 조선저축은행은 1928년 조선총독부가 제정한 「저축은행령」에 따라 창립된 금융기관이다. 그러니까 식민시대 건물들이다.

이상한 정도가 아니라, 웃기지 않은가. 대한제국시대 지도라면 절대 있을 수 없는 시설물들이 지도를 가득 채우고 있는 것이다.

미공사관 부지는 해방 후 대사관으로 쓰이다가 1952년 6.25전쟁 중 대사관이 을지로로 이전하면서 대사관저로 용도가 변경됐다. 다시 말해서, 이 지도는 대한제국과도 무관하고 아관파천과는 더더욱 거리가 먼 현대 미국대사관이 작성한 약도다.

미 대사관은 이렇게 설명한다. "이 건물들은 식민시대 조선저축은행 임원 관사를 광복 후 관사로 재활용한 시설들이다. 따라서 이 지도는 원본을 찾을 수 없지만, 최소한 대사관저가 생긴 이후 지도다." 필자에게 이 지도를 제공했던 한 대사관 관계자는 이 지도를 "무슨 행사를 하면서 준비했던 일종의 약도 같다"고 추정한다. 잠정 결론은, '문화재청은 엉터리' 혹은 '문화재청은 거짓말쟁이'.

누가 'King's Road'라고 읽는가

제작 시기도 엉터리지만 지도 해석에도 문제가 있다. 직원 숙소 영역 아래에 비스듬히 직선으로 난 도로에는 'King's ○○○○ ○○○○ ○○ to ○○○○○ ○○○○○○○'라고 적혀 있다. 정확하게 말하면 도로 끝 직삼각형으로 구획이 나뉜 부분에 이 글자들이 적혀 있다. 문화재청은 이 표기를 근거로 "대한제국 시기 미국 공사관이 제작한 지도에 〈King's Road〉라는 표기가 있다"고 주장했다. 하지만 나머지 글자에 대해서는 언급하지 않았다. 미 대사관은 "지도 해상도가 낮아 뭐라고 적혀 있는지 해독 불가능"이라고 했다.

문화재청이 공개한 지도는 원본도 아니었다. 미 대사관은 "원본을 가지고 있지 않아 출처도 알 수 없다"고 말했다. 출처 불명에 시대 불명인 지도, 그것도 복사본을 들고 나와 〈왕의 길〉을 찾았다고, 이 국가 공인 전문가 집단이 발표를 했다니.

사방 꽉 막힌 출구 없는 길

문화재청은 대한제국시대 제작된 또 다른 지도 사본도 공개했다. 아관파천 종료 7개월 뒤인 1897년 9월 30일 미국 공사 호러스 알렌Horace Newton Allen이 본국에 보낸 〈미 공사관 진입로와 주변 개략도(Rough Sketch of Surroundings & Approaches to U.S. Legation)〉다. 103쪽의 이 지도에는 공사관 부지 북쪽에 맞닿은 길이 〈미국 공사관 사유 도로(U.S. Legation Private Road)〉라고만 표기돼 있다. 미국 대사관이 작성한 앞쪽 현대 지도 속 길과 일치하는 길이다. 'King's Road'라는 문구는 이 지도에는 보이지 않는다. '왕의 길'이, 정작 중요한 '대한제국시대 지도'에는 보이지 않는다는 말이다. 2016년 당시 문화재청은 '대한제국시대 미국 공사가 만든 지도'와 '20세기 후반 미 대사관이 작성한 지도'를 입맛대로 뒤섞어 '왕의 길이 명기된

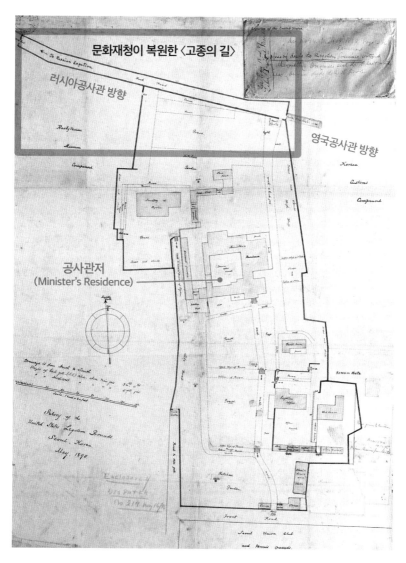

문화재청이 복원한 〈고종의 길〉

러시아공사관 방향

영국공사관 방향

공사관저
(Minister's Residence)

1897년 당시 호러스 알렌 주한미국공사가 작성한 미 공사관 부근 지도. 이 지도상에서 문화재청이 복원한 〈고종의 길〉은 사방이 담장으로 막혀 있다. / 주한미국대사관

대한제국시대 지도'라고 발표하고 〈고종의 길〉 복원 계획을 확정한 것이다.

게다가 알렌이 만든 이 지도에는 이 길이 아관파천 때 고종이 이용하지 않았다는, 아니 이용이 불가능했다는 결정적인 증거가 그려져 있다. **길이 사방으로 막혀 있는 것이다.**

지도에서 보듯, 당시 이 길은 사방으로 담장이 둘러쳐져 있고 출입구는 영국공사관과 미국공사관, 러시아공사관으로 향한 출입구 세 개만 있을 뿐이다. 그러니까 이 길은 미·영·러 3국이 소통하던 길이었지 외부에게 개방된 통로가 아니었다. '엄 상궁과 함께 가마에 탄 고종이' '길 북쪽 경복궁을 출발해' '이 꽉 막힌 길 담장을 넘어서' 러시아공사관으로 '비밀리에' 들어갔다? 가마에 투명망토를 뒤집어씌우고 날개를 달지 않았다면 불가능한 공상과학 영화 같은 이야기다.

그럼에도 서울시와 문화재청은 〈고종의 길〉 복원 공사를 강행했다. 공사에 2년 걸렸고 국민 돈 25억 원이 투입됐다. 역사적 사실 여부는 팽개치고 '일본에 저항해 지켜내려 했던 나라 대한제국'이라는 이미지를 복원하겠다는 게 아니고 무엇인가.[63] 2005년 덕수궁 복원 계획서에는 이렇게 적혀 있다. '고종은 열국과 긴밀한 외교적 협조를 통해 일제의 교묘한 침략과 음모로부터 벗어나 독립국으로서의 위상을 지켜내고자 했다.'[64]

서문에서 밝혔듯, 이 괴담 또한 많은 사람들이 믿으면 사실이 돼버린다. 사실과 진실이 괴담 떼에 포위돼 질식사하지 않도록 두고

보고만 있을 것인가. 지금 서울 한복판에 시멘트로 포장돼 있는 〈고
종의 길〉은 국민 사기극이다.

고종이 '고종의 길'로 도망갔다고?
사기극 아니면 바보의 작품.

6장

남대문이 임진왜란 일본군 개선문이라고?

국뽕 피해의식에
사라져버린 국보 1호

괴담

1

1907년 일본 태자의 방한을 앞두고 길을 확장하기 위해 남대문 좌우의 성벽을 철거하였다. 이후 성벽은 물론 돈의문, 소의문, 혜화문, 광희문 등 성문도 파괴되었다. 다만 남대문의 경우 임진왜란 당시 일본군의 선봉이었던 가토 기요마사加藤淸正가 지나갔던 문이라는 의견이 제기되어 철거에서 제외되었다고 한다.(국사편찬위원회, 《우리역사넷》〈한국사 연대기〉 '한양도성')

2

우리는 남대문 국보 1호 취소 서명 운동을 환영하며 정부와 국회도 일제 잔재 청산 차원에서 남대문 국보 1호를 취소하고 한글을 국보 1호로 지정하는 데 앞장설 것을 촉구한다.(2014년 11월 12일 〈미디어오늘〉, '남대문 국보 1호 취소 운동을 환영한다')

3

문화재청(청장 김현모)은 국가지정·국가등록문화재를 표기할 때 지정번호를 표기하지 않도록 「문화재보호법 시행령」과 「문화재보호법 시행규칙」을 개정하여 시행한다. 문화재청은 대표적인 예로 「국보 제1호 서울 숭례문」이 「국보 서울 숭례문」으로 바뀐다고 소개했다.(2021년 11월 19일 문화재청 보도자료 〈문화재 지정번호제도 개선 포함 법령 제·개정〉)

진실

가토 기요마사가 남대문으로 입성한 사실과 남대문 「국보 1호」는 아무런 관련이 없다.

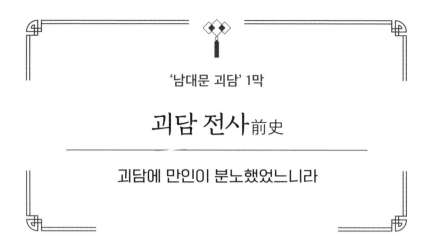

'남대문 괴담' 1막

괴담 전사前史

괴담에 만인이 분노했었느니라

이 글은 길다. 하지만 끝까지 읽어주시라. 우리시대 가장 흔해빠지고 고질적인 괴담, 남대문에 관한 이야기다. 제 1막 시작.

서울 남대문은 「국보 1호」였다. 마치 어항 속 금붕어처럼 이 귀한 역사에 대해 대한민국 사람들은 무심하게 지냈다. 그런데 2008년 2월 10일 밤 한 정신 나간 방화범에 의해 남대문이 전소된 이후 역사상 가장 많은 관심을 받게 된 국보가 남대문이다.

오랜 기간 복잡한 논란이 벌어졌고, 어이없게도 결론은 "남대문은 「국보 1호」가 아니다"였다. 남대문은 물론 「보물 1호」였던 동대문도 1호 딱지가 떨어지고, 나아가 전국 팔도에 있는 모든 국보와 보물이 죄다 번호가 사라졌다. 이유는 앞에 소개한 대로 임진왜란

'임진왜란 때 가토 기요마사 부대가 한성에 입성한 문이라서 총독부가 보물1호로 지정했다'는 누명을 썼던 대한민국 국보 1호 남대문.

당시 일본군 2번대 가토 기요마사加藤淸正 부대가 남대문을 통해 한성에 입성했고, 식민시대에 총독부가 남대문을 전승문戰勝門으로 기념하기 위해 조선「보물 1호」로 지정했으며, 해방 후 대한민국 정부에서 그 번호체계를 답습해「국보 1호」로 삼아왔다는 것이다.

이미 2005년에도 같은 논란이 벌어진 적이 있었다. 당시 감사원에서는 문화재청에게 "조선총독부령에 의해 지정된 문화재 번호가 답습되고 있으니 상징성이 있는 국보와 보물 '1호'는 한국을 대표하는 문화재로 바꿀 필요가 있다"고 권고했었다. 이에 문화재청장 유홍준은 "국보 1호가 갖는 상징성이 큰 데다 계속 교체 논의가 일고 있는 만큼 이 문제를 다시 검토할 수밖에 없다"고 답했다.[65] 그러다 남대문 화재가 터지고 국보 1호 문제가 재점화되더니 마침내 문화재 지정번호가 사라지고 만 것이다.

가위바위보도 한일전은 지면 안 된다고 적의를 다지는 상대가 일본이다. 가토 기요마사 부대가 남대문을 통과한 사실도 맞고, 총독부가 조선 보물 리스트 맨 첫 번째에 남대문을 올린 것도 맞다. 만일 가토가 통과했기 때문에 총독부가 조선 보물 1호로 선정했다면 역사바로세우기 차원에서 이를 교체할 수도 있다.

하지만 아니다. 식민시대에 대해 냉정한 분석보다는 뜨거운 가슴을 열어젖히는 대중 심리 탓에, '기차'와 '고등어'처럼 서로 아무 상관없는 두 역사적 사실이 합쳐지자 황당한 괴담이 탄생해버렸다. '남대문 국보 1호'와 '가토 기요마사 남대문 입성'은 서로 아무 관련 없다. 남대문은 자랑스러운 국보다.

임진왜란과 남대문

'1592년 4월 가토 기요마사가 지휘한 2번대는 한강을 건너 계속 전진해 5월 2일 저녁 남대문을 통해 경성에 입성했다. 고니시 유키나가小西行長의 1번대는 그날 오후 8시 동대문에 접근했으나 성문이 닫혀 있었다. 이에 장사 몇 명을 시켜 수문을 파괴하고 진입해 안에서 성문을 열게 했다. 이로써 아군 전 병력이 경성을 점령했다.'[66]

1926년 일본 참모본부 《일본전사日本戰史》에 실린 임진왜란 당시 한성 입성 풍경이다. 가토 부대는 고니시 부대와 한성 입성을 두고 경쟁 끝에 몇 시간 차이로 남대문으로 먼저 입성했다. 그런데 고니시 부대 쪽에서 작성한 전황일지 《요시노일기吉野日記》에는 고니시 부대가 2일에 입성하고 가토 부대는 다음 날인 3일 한성에 도착했다고 기록돼 있다.[67] 두 문헌 모두 가토와 고니시 부대에 이어 일본군 전 병력이 한성에 입성해 함락이 완료됐다고 기록했다.

어느 부대가 먼저 입성했든, 남대문과 동대문은 시차를 두고 조선 한성을 점령할 수 있었던 첫 관문이었던 만큼 훗날 조선을 식민지로 만든 근대 일본인들에게도 두 문은 굉장히 인상적인 구조물이었음은 분명하다.

조선총독부의 보물 선언

1934년 8월 27일자 〈조선총독부 관보〉에 「조선 보물고적명승천연기념물보존령」(이하 「보존령」)에 관한 고시가 게시됐다. '보물' 153점과 '고적' 13군데 '명승천연기념물' 3군데가 이날 보존령에 의해 보존할 문화재로 지정됐다.

이미 총독부는 1916년 각 지방단위로 「보존규칙」이라는 법규를 제정해 보호해야 할 고적과 유물을 등록하고 수리하거나 보존 정책을 시행 중이었다. 그 정책을 총독부 차원으로 격상시킨 제도가 이 「보존령」이다.

「보존령」을 이때 만든 이유가 여러 가지 있었다. 관광산업이 활성

1934년 8월 27일 〈조선총독부 관보〉. 조선 보물 1호와 2호로 남대문과 동대문을 지정한다는 고시가 실려 있다. / 국립중앙도서관

화되고 있던 1930년대 분위기를 반영한 법이기도 했고 '조선과 일본이 동행한다'는 소위 '내선융화內鮮融和' 기치를 내걸고 식민지에 일본 본토와 동일한 법을 적용하려는 조치이기도 했다. 조선 문화를 중국 아류로 치부하고 대륙 문화를 일본에 전수해준 다리 정도로만 생각하던 기존 인식을 넘어 조선 문화 자체에 대한 관심도 크게 증폭한 시기이기도 했다.[68]

그리하여 1년여 준비 끝에 조선에서 보존해야 할 주요 문화재를

선정해 1차 리스트를 발표한 것이다. 이들은 '건조물, 전적, 서적, 회화, 조각, 공예품 기타 물건으로 특히 역사의 증징 또는 미술의 모범이 될 만한 것 가운데 조선총독이 보물로 지정한 것들'(보존령 1조)이다. 이는 일본 본토에서 시행 중인 「국보보존법國寶保存法」(1929년 7월 1일)을 거의 그대로 가져온 법령이다. 이 법 1조는 '건조물, 보물 그 밖의 물건에서 특별히 역사의 증징 또는 미술의 모범이 될 만한 것을 주무대신이 국보보존회에 자문하여 이를 국보로 지정할 수 있다'고 규정하고 있다.[69]

이날 관보를 통해 발표된 조선 보물, 고적, 명승, 천연기념물 리스트 첫머리는 아래와 같다.

　　지정번호 제1호 경성 남대문*
　　지정번호 제2호 경성 동대문
　　지정번호 제3호 경성 보신각종
　　지정번호 제4호 원각사지 다층석탑
　　지정번호 제5호 원각사비

1호부터 5호까지는 식민 수도 경성에 있는 문화재들이다. 그리고 2021년까지 시행했던 「대한민국 국보」 번호는 아래와 같다.

* '남대문'이라는 명칭 자체가 일제 잔재라는 주장이 있으나 이는 절대적인 잘못이다. 《조선왕조실록》에서 '남대문'을 검색하면 252회(南大門)와 237회(남대문)가 나온다. 반면 '숭례문'을 검색하면 203회(崇禮門)와 216회(숭례문)다.

지정번호 제1호 서울 숭례문(남대문)

지정번호 제2호 원각사지 십층석탑

지정번호 제3호 서울 진흥왕 순수비

지정번호 제4호 여주 고달사지 승탑

지정번호 제5호 보은 법주사 쌍사자석등

1946년 4월 미군정은 새로운 문화재 보호시스템을 만들기 위해 문교부 안에 '국보고적명승천연기념물보존회'를 발족시켰다. 그리고 1955년 정부는 총독부 지정 보물 581건 가운데 북한에 있는 보물을 제외하고 모두 국보로 승격시켰다. 이어 1962년 「문화재보호법」을 제정해 국보 가운데 '가치가 떨어지거나 관리상 덜 위험한 것들'을 '보물'로 격하시켰다. 아래는 그 「대한민국 보물」 상위 3개 명단이다.

지정번호 제1호 서울 흥인지문(동대문)

지정번호 제2호 서울 옛 보신각동종

지정번호 제3호 서울 원각사지 대원각사비

국보와 보물 명단을 통합하면 옛 총독부 「보존령」에 의한 조선 보물 명단과 정확하게 일치한다. 그리고 해방 후 실질적으로 정부 조직 내에서 활동했던 '국보고적명승천연기념물보존회'는 총독부가 조선 문화재 조사와 보존을 위해 발족시켰던 '조선고적연구회'와 동일하다. 이게 대한민국 국보체계가 일재 잔재라고 주장하는 빼도 박도 못할 근거다.

그리고 식민지 때 총독부가 만든 그 조선 보물 1호가 남대문이다. 그런데 그 식민 보물 1호를 그대로 「대한민국 국보 1호」로 지정했다? 기가 찰 일이었다.

"가토 장군이 입성한 문이다!"

해방 후 식민지시대 그늘에서 벗어나려는 '일제 잔재 청산 작업'은 묵시적인 국민지지 속에 360도 입체적으로 진행됐다. 조선총독부 청사로 20년 사용되고 이후 미군정을 거쳐 대한민국 정부청사로 사용됐던 중앙청도 철거되고 총독부가 철거해버린 경복궁 옛 전각들도 속속 복원 중이다. 그런데 2008년 겨울 남대문이 불에 타 사라지면서 전 국민 관심은 남대문에 집중됐다. 그리고 문득 장안에 있는 모든 신문과 방송은 6년 전인 2002년 서울대학교 대학원 유학생인 일본인이 쓴 석사논문에 주목했다.

오타 히데하루太田秀春라는 당시 서울대학교 국사학과 대학원생이 쓴 논문 제목은 〈일본의 식민지 조선에서의 고적조사와 성곽정책〉이다. 오타는 현재 가고시마국제대학교 교수다. 그리고 논문 가운데 남대문에 관한 부분은 충격적이었다.

서울의 성벽은 식민지시대에 파괴되거나 방치됐지만 성문城門의 경우는 그 양상이 약간 달랐다. 팔대소문 중 식민지시대 말기까지 완전한 형태로 유지된 것은 남대문과 동대문뿐이고 시가지에 있었던 서대문, 서소문과 동소문은 이른 시기에 철거되었다. 수구문(광희문) 등은 자연붕괴상태 그대로 방치되었다. 이러한 차이는 어디에서 유래하는 것이었는가.[70]

1905년 제2차일한협약(을사조약)에 의해 한국통감부가 개설되자 일본거류민회는 용산을 포함한 40~50만 인구를 수용할 수 있는 대도시 건설을 계획했다. 문제가 된 것은 교통상 장애가 되는 남대문 처리 문제였다.

그런데 이 장애요소를 단칼에 제거하려는 사람이 당시 조선군사령관[71] 하세가와 요시미치長谷川好道(1850~1924)였다. 하세가와는 "포차砲車 왕래에도 지장이 생기니까 그런 낡아빠진 문은 파괴해버리라"고 강력하게 주장했다.

남대문을 파괴하라는 위 하세가와 말의 출처는 《조선회고록朝鮮回顧錄》(1915)이라는 책이다. 필자 나카이 긴조中井錦城(1864~1924)는 〈요미우리신문讀賣新聞〉 주필까지 지낸 언론인이며 조선에서 〈한성신보〉를 운영하고, 대륙 진출에 적극적인 정치가였고 러일전쟁 적극 지지파였으며 일본인 거류민단 단장이자 조선인 멕시코 이민에도 간여한 전방위적 인물이었다. 본명은 나카이 기타로中井喜太郎다.[72] 회고록에 따르면 하세가와가 남대문 파괴 의지를 밝힌 자리에서 나카이가 이렇게 하세가와를 설득했다.[73]

'일본 장성 하세가와 요시미치가 가토 기요마사와 남대문 이야기를 듣고 남대문 철거 계획을 철회했다'는 내용이 기록된 《조선회고록》. 필자인 당시 〈요미우리신문〉 전 주필 나카이 긴조中井錦城의 허풍으로 추정된다. / 일본국회도서관

"남대문은 임진왜란 때 가토 기요마사가 입성한 문이다. 그때 건축물은 남대문 외에 두세 개밖에 없다. 파괴하는 것은 아깝지 않은가?" 그러자 장군은 내 주장을 받아들였고 나는 문 양쪽 도로를 넓히는 방안을 내놨다. 그리고 도면을 첨부해 공사관에 제출했다. 그 결과 내 방안이 통과됐다.[74]

오타는 이 에피소드를 인용하면서 남대문이 살아남은 이유를 이렇게 분석했다.

'임진왜란 때 일본군 선봉인 가토 기요마사가 남대문을 통과해 서울을 함락시켰다는 사실 때문에 남대문은 보존됐던 것이다. 동대문이 보존되고 서대문이 파괴된 것도 같은 이유에서였다. 동대문에는 가토 기요마사와 함께 선봉을 담당한 고니시 유키나가가 입성해 서울을 함락시킨 역사적 유래가 있었는데 서대문은 그러한 역사가 없었다. 따라서 서대문은 1915년 시구개수사업의 일환으로 파괴되어버렸다. **서대문이 철거된 1915년 동대문에 대해서는 위와 같은 이유로 보수공사를 실시했던 사실은 총독부 의도를 똑똑히 보여주고 있다.**'[75]

활활 타오른 「국보 1호」 반대여론

'독도 망언' '역사 교과서 파동' 따위는 명함도 못 내밀 핵폭탄 같은 폭로였다. 잿더미가 된 남대문 앞에서 망연자실한 대한민국 국민들에게 '가토 기요마사가 임진왜란 때 이 문으로 한성을 점령해서 남대문이 국보 1호가 됐다'는 보도는 아주 강력한 뺨따귀였다. "남대문 복원해내라"는 여론과 동시에 "국보 1호 지정을 해제하고 대신 《훈민정음》을 국보 1호로 하라"는 여론이 빗발쳤다.

사실 총독부가 정한 지정번호는 지역별로 주요 문화재를 고적과 보물로 분류한 뒤, 미세한 오차는 있지만, 경성을 포함한 경기, 충북, 충남, 전북, 전남, 경북, 경남, 강원, 황해, 평남, 평북, 함남 순서대로 붙인 번호들이다. 즉 '1번이 153번보다 153배 귀중한 보물'이라는 가치 판단적인 번호가 아니라 단순한 관리번호에 불과했다.

하지만 일반 대중은 물론 판단에 신중해야 할 언론인들도 납득하려 하지 않았다. 관리번호가 됐든 개떡 같은 '일본놈이 판단한 순위'가 됐든 **남대문이 「국보 1호」라는 사실은 받아들일 수 없는 일이었다.** 결국 문화재청은 법을 바꿔 지정번호 자체를 없애버리는 조치를 취했으니, 서울대 대학원생 오타 히데하루의 석사학위 논문과 이를 검증 없이 보도한 대중매체가 어깨동무하고 이룩해낸 위대한 성과였다.

〈'남대문 괴담' 1막 끝〉

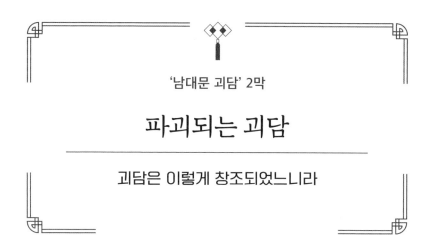

파괴되는 괴담

괴담은 이렇게 창조되었느니라

세키노 다다시의 모험

진실은 언제나 거짓보다 허망한 법이다. 거짓은 자극적이고 가짜는 달콤하다. 하지만 사실에 기초한 진실은 물처럼 싱겁고 허탈하다. 남대문 괴담은 더더욱 그러하다. 이제 그 밋밋한 반전 드라마를 본다.

세키노 다다시關野貞(1868~1935)는 조선 문화재 연구 선구자다. 일찌감치 근대화를 진행해온 일본은 고고학 분야 또한 아시아에서 독보적인 위치에 있었다. 세키노는 건축사학자였다. 1901년 도쿄대학 교수가 되고 이듬해 세키노는 조선 고건축 조사를 시작하면서

일본 건축사학자 세키노 다다시關野貞. 조선 문화재 체계를 만든 사람이다. / 위키피디아

당대 조선 예술과 문화 연구를 주도하기 시작했다.

1902년 조선 답사를 떠날 때 지도교수가 말했다. "한국 건축을 역사적으로 연구하라. 되도록 넓게. 깊지 않더라도 상관없다."[76] 조선 건축사 연구자가 적었던 그때, 세키노는 자연스럽게 조선 건축사 전반에 대한 선구자로 입지를 넓혀갔다. 식민시대 고건축 연구에 필수적인 사진도록《조선고적도보》는 세키노가 주도해 만든 대작이다.

1909년 9월 세키노가 통감부 치하 대한제국 탁지부 용역을 받고 서울과 개성, 평양, 의주를 답사했다. 추사 김정희가 금석학을 청나라로부터 들여온 이래 조선에서는 한 동안 옛 기물과 건축에 대한 실증적인 연구가 활발했으나 세도정치와 고종-민씨 척족 정치 속에서 실용학문은 씨가 마른 시점이었다. 그래서 세키노는 돌아다니는 곳마다 큰 화제를 불러왔다.

구 탁지부(지금 건축소) 내에 있는 비고秘庫는 고래로 이를 열면 국가에 흉변이 생긴다고 해서 손을 댄 자가 없더니 금번에 일본인 관야關野 박사가 이를 열어본 바, 그 안에 저장한 것은 일본 전前 관백關伯 풍신수길이 소지하던 원형 황금 군선軍扇(군용 부채) 한 개와 기타 수백의 진보珍寶 등인데 위의 황금 군선 중 1개는 일본 황실로 가져갔다 하더라.

   — 1909년 9월 23일 〈황성신문〉 '금선발견金扇發見'

세키노, 첫 번째 남대문

그 의욕 넘치는 조사 끝에 이듬해 세키노가 내놓은 보고서가 《조선예술의 연구朝鮮藝術之研究》다. 그리고 이 책 첫 꼭지에 실린 논문 〈조선건축조사략보고朝鮮建築調査略報告〉에 처음으로 공식적인 조선 보물 분류가 이뤄졌다. 124쪽 윗 사진이 그 분류표다.

경성을 보면 남대문—원각사십삼층탑—명정전 등 창경궁 건물 일부—창덕궁 돈화문과 인정전 등이 나열돼 있고 동대문과 남묘, 북묘도 뒤쪽에 보인다. 그 위에는 갑甲~정丁까지 등급이 매겨져 있다. 세키노는 이에 대해 '최우수인 갑과 을은 특별히 보호해야 할 필요가 있는 것', 세 번째인 병丙은 '다른 날 조선 전역을 조사한 후 을에

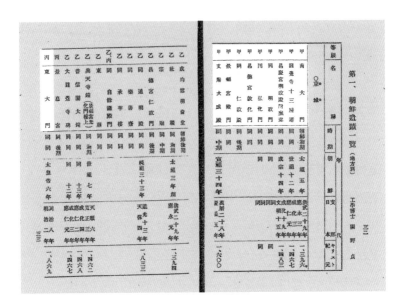

1910년 세키노 다다시가 작성한 조선 유물 일람표. / 일본국회도서관

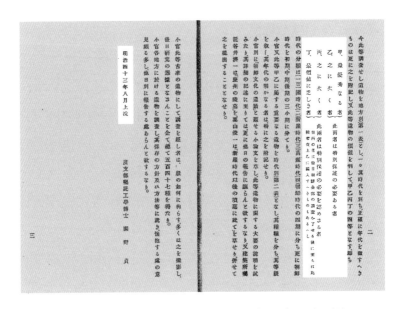

《조선예술의 연구》에서 세키노가 설명한 분류 기준. / 일본국회도서관

편입여부를 결정할 대상'이라고 기준을 정해놓았다.[77]

그러니까 1909년 한 저명한 일본 건축사학자에 의해 남대문이 특별보호대상으로 결정된 것이다. 보호대상이 된 이유를 세키노는 이렇게 요약했다.

조선 개국부터 임진왜란 때인 선조까지 약 200년 기간은 한편으로는 명나라 영향을 받았지만 다른 한편으로는 고유한 발전이 있었던 시대였다. 이 시대 목조건축이 다소 남아 있는데, 이는 실질적으로 한국적인 목조건물이 시작된 시기로서 가장 오래된 건축물은 개성 남대문과 경성 남대문이 있다.[78]

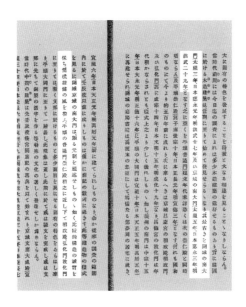

《조선예술의 연구》에 나오는 '남대문의 가치' 부분. / 일본국회도서관

고대부터 조선까지 시대를 구분한 뒤 각 시대를 대표하는 건축물과 사찰, 석물을 보존 상태를 감안해 등급을 매겼다는 것이다. 이들 문화재를 그가 답사한 경성-개성-황주-평양-의주-안주-평양-영변 순으로 배치하고 등급표를 작성한 것이 1910년 보고서였다.

이 1910년 세키노 다다시 분류표가 1937년 조선총독부 「보존령」에 따른 조선 보물 리스트의 뿌리다. 분류에는 '시대와 대표성'이라는 지극히 냉정한 기준을 적용했다. 건립 시기가 가장 오래된 남대문(1396년)이 갑 가운데 맨 첫머리에 기록됐다. 원각사십삼층석탑 또한 1467년이라는 건립 연대가 갑으로 분류된 중요 기준이었다. 19세기 중엽인 1869년 중건된 동대문은 병으로 분류됐다. 1868년 중건이 완료된 경복궁은 경복궁 전문殿門(어느 문인지는 불명확하다)만 '조선 초기'로 분류해 갑 등급을 매겼다.

타국 학자가 건방지게 남의 나라 보물 순서를 매긴 사실은 열 받지만 가토 기요마사 따위 민족적·역사적 서사가 개입한 흔적은 보이지 않는다.

1917년, 사라진 남대문과 하세가와 요시미치

1915년 총독부는 경복궁 경내에 '조선총독부박물관'을 설치했다. 1916년 총독부는 유물과 명승을 조사, 보존을 위해 '고적조사위원회'를 설치했다. 그리고 이를 위해 전국 각지에 고적과 유물을 파악

해 보고하라고 지시했는데 그 목록을 담은 문서가 〈고적 및 유물 등록대장古蹟及遺物登錄臺帳〉이다. 1924년에 인쇄된 그 초록에는 고적 1호부터 193호까지 등록번호와 명칭, 등록일, 시대 및 전설 세목이 함께 적혀 있다.

이에 따르면 1호는 '원각사지십층석탑'이고 2호는 '원각사비', 3호는 '보신각종', 4호는 '장의사지당간지주', 5호는 '북한산신라진흥왕순수비'다.

눈치챘는가. '가토 기요마사가 입성한 남대문'은 고사하고 '고니시 유키나가가 입성한 동대문'은 어디로 가버렸는가!

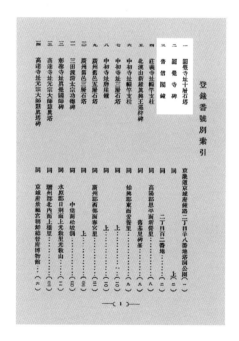

1917년 〈고적 및 유물 등록대장古蹟及遺物登錄臺帳〉 초록(1924년 인쇄). 남대문이 빠져 있다.
/국회도서관

이제 진실은 클라이맥스로 올라간다.

고적조사위원회는 총독부 관할이고 최종 결정권자는 조선총독이다. 이 리스트가 작성된 1916년 조선에 군림했던 그 최고 권력자는 누구였을까. **하세가와 요시미치**長谷川好道(1850~1924), **바로 "가토 기요마사 전승문을 부수지 않겠다"고 다짐했다는 전 조선주차군 사령관이자 육군원수, 2대 조선총독 하세가와 요시미치다.** 하세가와는 1919년 3.1운동 책임을 지고 퇴임할 때까지 만 3년 군림한 식민조선 최고 권력자였다.

말이 되는가. 민족사적 감성이 기준이었다면 천지가 개벽해도 있

하세가와 요시미치長谷川好道. 1916년부터 1919년까지 조선 총독이었다. / 위키피디아

을 수 없는 일이다. 오로지 그 당시 '시대'와 '대표성'이라는 기준에 따라 리스트가 작성됐고, 그 관리 목적을 위해 지역 순서대로 관리번호가 부여된 행정 분류표에 불과하다는 말이다.

자기가 강력하게 주장해 역사에 무지한 군인을 각성시켰다는 전직 언론인 나카이 긴조 주장은 과장한 기록이거나 허풍이 분명하다. 두 사람이 대화를 나눈 시기는 늦어야 1905년이었고, 나카이가 주장하는 시구개수사업을 총독부가 처음 입안한 때는 1912년이었다.[79] 더군다나 1904~1905년 당시 대한제국 행정 담당은 재정고문 메가타 다네타로目賀田種太郎를 비롯해 일본에서 파견된 고문들이었고 하세가와는 행정에 간여할 권한이 없었다.

민족사적 기준이 작용하지 않았다는 사실은 이미 1905년 "가토 기요마사 개선문" 운운하는 대화 속에서 동대문에 대한 언급이 없었다는 사실에서도 충분히 짐작할 수 있다. 따라서 '대한민국 문화재 지정 시스템을 붕괴할 정도로 강력했던' '서대문이 철거된 1915년 동대문에 대해서는 위와 같은 이유로 (철거하지 않고) 보수공사를 실시했던 사실은 총독부 의도를 똑똑히 보여주고 있다'라고 한 단정적 추정은 그 어디에서도 근거를 찾을 수 없는 소설이다.

엉터리 논문에 선동당한 국민

더군다나 오타 히데하루는 나카이 긴조가 쓴 《조선회고록》을 아무런 비판 없이 읽었다.

오타 논문에 따르면(앞장 117쪽 참조) '1905년 을사조약으로 통감부가 개설되자 일본거류민단이 대도시 건설 계획을 내놨고' '이에 제일 방해가 되는 장애물이 남대문이었고' '하세가와 요시미치 장군은 남대문 폭파로 문제를 해결하겠다고 했는데' '거류민단장인 나카이 긴조가 그 역사성을 강조해 남대문이 살아남았다.'[80]

사실관계를 보자. 을사조약 체결일은 1905년 11월 17일이다. 이에 의거해 통감부가 개설된 날짜는 해를 넘긴 1906년 2월 1일이다. 바로 전날 주한일본공사관은 해체됐다.

첫째, 거류민단이 대도시 건설 계획을 내놓은 시점은 일러야 통감부가 개설된 1906년 2월 이후다.

둘째, 1906년 2월 현재 일본거류민단장은 와다 쓰네이치和田常市라는 실업인이자 골동품상과 역시 실업인이자 골동품상인 후치가미 사다스케淵上貞助가 단장 대리로 일하고 있었다.[81] 그리고 초대 거류민단장인 나카이 긴조는 민단이 대도시 건설 계획을 세우기 전인 1905년 12월 이미 사임한 상태였다.[82]

어떻게 '아직 입안도 되지 않은' 대도시 건설 계획에 대해서 '전직 단장' 나카이가 하세가와에게 왈가왈부할 수 있는가. 이런 대화는 이미 조선에 부임해 활동 중인 초대 통감 이토 히로부미와 현직 단장 와다 쓰네이치 및 후치가미 사다스케 사이에 오갔어야 논리적으로나 상식적으로나 옳다. 게다가 나카이는 "거류민단이 대도시 개수 계획을 세웠다"고 《조선회고록》에서 주장하지만, 시구개수 계획이 발표된 때는 통감부가 아니라 총독부 시절인 1912년이다.

또 있다. 《조선회고록》에는 나카이 본인이 '하야시 곤스케 공사'

에게 도면을 제출해 남대문 존치를 승인받았다고 기록돼 있다. 하지만 공사관은 통감부 설치와 함께 해체됐다. 대도시 건설 계획은 통감부 설치 이후 거류민단이 마련했으니, 사건과 시간대가 종횡무진 무질서하고 무논리적으로 섞여 있다. 이게 역사를 증언하는 사료史料일 수 있는가?

나카이 긴조가 쓴 이 책 장르는 '회고록'이다. 객관적인 사료로 삼으려면 다각적인 교차 검증이 필수적인 기록이다. 또 나카이는 본문에는 필명인 나카이 긴조 또는 '나'라는 일인칭 주어 대신 나카이 기타로中井喜太郎라는 본명으로 자신을 3인칭으로 등장시킨다. 회고록은 잘못된 기억에 대한 왜곡 혹은 그 기억이 진실이라는 그릇된 확신이 용인되는 장르지만, 이렇게 3인칭 주어를 씀으로써 마치 객관적인 다큐멘터리인 듯한 착각을 하게 만든다. 따라서 앞서 말한 대로, 언론인에서 사업가까지 화려한 경력을 가진 인물의 허풍임을 100퍼센트 감안해 읽어야 한다. 그 작업을 21세기 논문 필자 오타도 하지 않았고, 21세기 대한민국 신문 방송 기자들도 하지 않았고, 21세기 대한민국 역사학자들도 하지 않았다.

이처럼 본질적인 사료에 대한 부실 검증과 야사野史와 주변적 기록에 의거한 추론으로 구성된 논문이 과연 학위논문 자격이 있는지 의심스럽다. 논문을 쓴 오타 히데하루는 서울대 국사학과 대학원 석사과정 대학원생이었고 논문 지도교수는 전 국사편찬위원회 위원장 이태진이었다. 이태진은 조선 후기와 구한말 주요 모순 및 근본적인 대한제국 멸망 원인을 일본 제국주의에서 찾는 원로학자다.

"철거하라 남대문"

1934년 새로 제정된 「보존령」에 따라 한 동안 목록에서 제외됐던 남대문이 지정번호 1호로 조선 보물에 등재됐다. 동대문 또한 2호로 등재됐다. 하지만 남대문은 1926년 총독부에 부임한 도시계기사 사카이酒#가 "일반교통에 방해가 된다"며 남대문 철거를 제안할 정도로 총독부 내에서 존재가치를 상실한 상태였다. 학계에서 고건축의 백미라고 꼽았던 남대문이 어느 틈에 애물단지 취급을 받은 것이다.[83]

보물 등재 3년이 지난 1937년 12월 5일 마침내 남대문 성문 출입이 전면 금지됐다. 여론은 싸늘했다.

> 현대문명에 참패를 당하여 문명의 선수인 자동차, 전차 등은 성문 양편으로 줄달음치게 되어 작금 남대문은 한낱 한가한 사람이나 서울 구경꾼들이 통래하여 오던 바, 그것마저 현대 교통기관의 비위에 거슬렸던지 남대문 안으로 통래하는 것을 완전히 금지하기로 하고 철망을 치게 되었다 한다. 벌써부터 일부에서는 교통의 방해물이라 하여 이전안치하자는 설까지 전하게 되었다.
> – 1937년 12월 5일 〈동아일보〉 '골동품 된 남대문, 철망 치고 교통금지'

하지만 일본에서 놀러온 관광객들은 '가토 기요마사가 개선한 남대문' '고니시 유키나가가 개선한 동대문' 따위 문구가 적힌 가이드북을 들고 경성 대문들과 전주, 평양 대문들을 구경하느라 분주했다. 이런 가이드북과 찌라시를 '남대문「보물 1호」와 가토 기요마사 개선문'의 물증으로 삼는 발상은 지극히 천박하고 유치한 생각이다.

아래 사진은 남산에 있었던 총독관저를 촬영한 사진엽서다. 까치집이 있는 왼쪽 큰 은행나무에 화살표가 그려져 있고 누군가가 이렇게 적어 넣었다. '풍신수길이 한국을 정벌할 때 가토 기요마사가 말을 매놨던 은행나무'. 식민조선을 찾은 '본국' 관광객에게 역사적 진실은 중요하지 않다. 자만심을 한껏 충족시켜주는 달콤한 말이라면 괴담이 됐든 사실이 됐든 중요하지 않은 것이다. '가토 기요마사의 전승문, 남대문' 주장은 이 엽서를 토대로 저 은행나무와 가토의 인연을 객관적 사실이라고 주장하는 것과 똑같다.

식민시대 사진엽서. 서울 남산 총독관저 앞 은행나무에 '가토 기요마사가 말을 맸던 은행나무'라고 적혀 있다. / 부산박물관

경복궁이 더 억울하다

1926년 총독부는 고적조사위원회 결정에 따라 부령府令 53호로 경복궁 근정전과 사정전, 건춘문, 신무문 및 동대문과 남대문을 경성 고적으로 등록했다.[84] 비록 법적으로 보호를 받게 됐지만 경복궁은 푸대접을 피할 수 없었다.

이유가 있었다. 이미 망국 전인 1910년 경복궁은 경매를 통해 전각 상당수가 민간에 팔려나간 상태였다.

'경복궁, 창덕궁 내와 기타 산재한 본부 불용건물 총건평 약 사천여 간우들 매각하니 희망자는 본부 주전원에 취하야 상세히 절차를 묻고 또 실제 땅을 열람한 후 오는 사월 십일까지 동원에 의사를 밝히면 됨'(1910년 3월 27일 〈황성신문〉)

그리고 1915년 총독부가 〈시정5주년 물산공진회〉 행사장으로 경복궁을 이용하면서 많은 전각들이 또 헐려나갔다. 1926년에는 총독부 청사를 경복궁 앞에 건축하면서 광화문도 동쪽으로 이건 당했다. 말 그대로 경복궁은 걸레처럼 찢겨나갔다.

이는 1868년 메이지유신을 개시한 일본 유신파들이 막부파를 타도하며 벌인 승자의 관행을 적용한 것이다. 패자에 대한 철저한 파괴. 이게 근대를 지향한 메이지 신정부가 과거와 결별했던 방식이었다.

메이지 정부 수립 이후 현대에서는 국보나 중요 문화재로 지정되는 건조물이 무질서하게 파괴되거나 불하되었다. 지금은 옛 권력을 상징하는 것이라도 역사적으로 중요한 건조물이나 문화재는 지켜

져야 하다는 인식이 일반 상식으로 공유되고 있지만, 당시에는 그러한 개념이 확립되어 있지 않았다. 일본 정부는 1919년이 돼서야 「사적명승천연기념물보존법」을 제정하고 1929년 「국보보존법」을 제정한 이후 천수각 같은 옛 권력 잔여 유적 주변을 재정비하고 주변을 공원으로 만들어 대중에 개방했다.[85]

그와 똑같은 역사적 기억 말살 조치를 총독부가 조선 경복궁에 가한 것이다. 이미 대한제국을 KO 직전으로 몰고 간 상황에서 통감부는 광화문, 근정전, 경회루 같은 상징적 건축물만 남기고 조선 권력의 상징인 경복궁을 일본 반反 유신 막부파들 성처럼 야금야금 파괴해 버렸다. 1937년 총독부 「보존령」이 제정될 무렵 이미 경복궁 전각은 보존 가치를 상실 당했고, 이씨 왕실이 버려둔 창경궁은 창경원으로, 고종이 죽고 없는 덕수궁은 공원으로 변한 뒤였다. 남대문도 억울하기 짝이 없겠지만, 억울하고 분노해야 할 주인공은 남대문이 아니라 경복궁이다.

다행히 경복궁은 막대한 국가예산을 들여 복원사업이 한창이다. 다만 복원에 1퍼센트라도 민족감정이나 대일 패배감 혹은 일찌감치 집어던졌어야 할 피해의식이 작용한다면 이 또한 역사 왜곡이니 관계되는 학자와 공무원은 머리털을 곤두세우고 감시할 일이다.

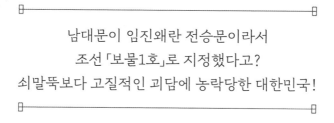

남대문이 임진왜란 전승문이라서
조선 「보물1호」로 지정했다고?
쇠말뚝보다 고질적인 괴담에 농락당한 대한민국!

7장

총독부가
경희궁을 없앴다고?

❋

뻑하면 총독부한테 뒤집어씌우는
천박한 역사왜곡

괴담

1617년(광해군 9년)~1620년 세워진 경희궁은 원래 경덕궁이었으나 영조 36년(1760)에 이름이 바뀌었다. 민족항일기인 1907년부터 1910년에 걸쳐 강제로 철거되어 궁궐로서의 존재가치를 상실하였고 궁터도 철저하게 파괴되고 변형되어 결국 현재의 규모로 축소되었다. 부속 건물로 회상전, 융복전, 집경당, 흥정당, 숭정전, 흥화문, 황학정이 있었는데 융복전과 집경당은 없어졌다. 나머지 건물은 1910년 지금의 서울고등학교가 설립된 후, 회상전은 조계사로, 흥정당은 광운사로, 숭정전은 조계사에 옮겼다가 다시 동국대학교 안으로, 흥화문은 박문사로, 황학정은 사직공원 뒤로 각각 옮겨져 보존되고 있다.(문화재청 국가문화유산포털, '경희궁지慶熙宮址')

진실

일본에 죄를 덮어씌운 국뽕사관. 경희궁 파괴는 식민지 또는 '지금의 서울고등학교'와는 아무 상관없다. 식민지가 되기 42년 전인 1868년 경복궁이 중건됐을 때 이미 경희궁은 폐허였다.

1392년 이성계가 조선을 건국한 이래 조선 수도 한성에는 여러 궁궐이 건립됐다. 대표적인 궁궐이 흔히 5대 궁궐이라 불리는 경복궁, 창덕궁, 창경궁과 덕수궁 그리고 경희궁이다. 1592년 임진왜란 때 불탔던 경복궁은 1863년 고종이 등극할 때까지 폐허였다. 역대 국왕은 주로 창덕궁을 왕궁으로 삼아 국가를 운영했다. 영조는 경희궁에 주로 머물렀다.

　　그런데 최근까지 이 경희궁은 꼬라지가 말이 아니었다. 정문 격인 흥화문은 호텔 신라 영빈관 정문으로 사용됐었고, 지금도 정전인 숭정전은 서울 필동에 있는 동국대학교 구내 법당으로 사용되고 있다. 현재 경희궁터에 있는 숭정전은 현대에 복원된 건물이다. 호텔 신라에 있던 흥화문은 1987년에 경희궁 앞으로 재이건됐다.

　　이런 형편없는 상황을 초래한 장본인이 조선통감부와 조선총독부를 아우르는 제국주의 일본이라는 것이다. 멀쩡하게 왕궁 역할을 수행하고 있는 궁궐을 간악한 일제가 이리 뜯고 저리 찢어서 형체를 소멸시켰다고 사람들은 알고 있다. 왜? 전문가들이 그렇게 가르쳐왔으니까. 다음 쪽 사진을 보자.

　　잘 생긴 건물 앞에 조선 사람 다섯 명과 서양인 한 명이 서 있다. 이중으로 설치된 월대 위에 잘 생긴 건물이 한 채 있다. 이상하게 기둥만 즐비하고 문은 다 달아나 단 하나도 볼 수 없다. 옷차림으로 봐서 계절은 겨울이다. 오른편으로 소나무 숲이 보이는데 구릉에는 건물 하나 보이지 않고 아무것도 없다.

　　이게 어디인가. 바로 경희궁 정전인 숭정전이다. 1900년 프랑스 파리 만국박람회에 출품된 〈Souvenir de Séoul, Corée(한국 서울의

1900년 프랑스 파리 만국박람회 〈Souvenir de Séoul, Corée(한국 서울의 기념품)〉라는 소책자. 대한제국 한성외국어학교 프랑스어교사 샤를 알레베크Charles Aleveque 촬영. /위키피디아

기념품)〉라는 소책자에 실린 사진이다. 사진은 대한제국 때 한성외국어학교 프랑스어교사 샤를 알레베크Charles Aleveque가 촬영했다. 촬영 시기는 1899년 이전으로 추정된다.

1899년? 대한제국 건립 2년 뒤다. 일본이 이 짓을? 천만의 말씀. 눈을 부라리며 서로를 감시하던 한성 주재 외국공사관이 한둘이 아니었다. 일본이 이따위 끔찍한 짓을 하도록 놔둘 만큼 대한제국은 일본에 종속되지 않은 때였다.

그러면 다음 쪽 그림은 어떤가. 〈La Coree, independante, russe, ou japonaise: ouvrage contenant cinquante illustrations

LE PALAIS DES MURIERS.

1898년 프랑스 잡지에 실린 경희궁 삽화. / 듀크대학교 도서관

d'apres des photographies〉라는 프랑스 잡지에 실린 동판화다.
책 제목은 번역하자면 '한국, 독립하거나 러시아나 일본 소유가 되
거나: 사진으로 만든 50개 삽화 포함'이다. 청일전쟁(1894) 취재를
위해 일본, 청, 조선을 방문했던 라울 비예타르 드 라게리Raoul Villetard
de Laguérie라는 언론인이 만든 책이다.

멀리 북한산이 보이고 가운데에 육조거리가 멀리 보인다. 그리고
왼쪽 큰 건물이 숭정전이다. 양 옆으로 작은 부속 건물 두 채가 보이
고 뒤쪽으로 기다란 건물 하나가 보인다. 앞쪽은 아무 것도 없다. 그
냥 공터다.

이 책은 1898년에 출판됐다. 그러니까 140쪽 1899년에 알레베크
가 촬영한 사진에 없던 건물들이 여기 보이는데, 이 사진 촬영시기
와 알레베크가 촬영한 시기 사이 어느 때에 건물들이 싹 철거되고

없어졌다는 뜻이다. 총독부가? 간악한 일제가? 터무니없는 주장이다. 경희궁은 이미 20세기 직전에 허허벌판이었다. 그런데 앞의 두 사진 아래를 보면 프랑스어로 이렇게 적혀 있다.

Vieux palais des muriers(옛 뽕나무 궁전)
Le Palais Des Muriers(뽕나무 궁전)

외국 지식인들이니, 현지 조선인들에게 이 궁궐 명칭을 문의했음이 분명하다. 더군다나 140쪽 사진 촬영자인 알레베크는 대한제국에 체류하면서 조선 사람들을 가르쳤던 사람이다. 그럼에도 불구하고 이 사진들 설명에는 경희궁이라는 이름 대신 '뽕나무 궁전'이라는 희한한 명칭이 붙어 있다. 1898년 책에도, 1900년 책에도.

그 뽕나무 궁전에는 보다시피, 아무것도 없다. 경복궁이나 덕수궁 혹은 창덕궁과 창경궁에 즐비한 건물들 대신 황량한 공터에 조락한 건물 몇 채가 서 있을 뿐이다. 그런데 왜 외국인들은 이 경희궁을 '뽕나무' 궁전이라고 불렀을까. 143쪽 사진을 보자.

사진 가운데 정면을 보고 있는 건물이 흥화문이다. 흥화문은 경희궁 정문이다. 지금은 위치가 바뀌었지만 원래 흥화문은 저 사진에서 보듯 종로통을 향해 동쪽으로 서 있었다. 흥화문 뒤편으로 희미하게 종로통이 보인다.

흥화문 앞쪽은 온통 나무들이다. 이 나무들이 바로 뽕나무들이다. 즉, 뽕밭이다. 사진 아래 지붕은 한양성곽이다. 성곽 위쪽으로 창고

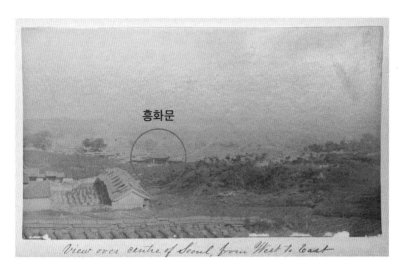

흥화문

View over centre of Seoul, from West to East

1884~1885년 미국인 조지 포크가 촬영한 경희궁 사진. / 미의회도서관

처럼 생긴 건물이 길게 서 있다. 비슷한 건물은 141쪽 삽화에서도 보인다. 형태가 동일하다. 지붕 위로 통풍구처럼 보이는 작은 지붕들이 붙어 있다. 그 앞에 묘목밭이 보인다. 이게 뽕나무 묘목들이다.

이 사진은 조선을 방문했던 미국 무관 조지 클레이턴 포크George Clayton Foulk가 촬영한 사진이다. 포크는 1883년 조선과 미국이 수교한 뒤 파견한 보빙사 일행 공식 통역가였다. 이후 포크는 조선에 와서 미국 공사로도 활동했다. 이 사진은 1884~1885년 사이 찍은 사진이다.

1884년은 갑신정변이 터진 해다. 흥선대원군이 경복궁을 중건하고 16년이 지난 시기다. 그러니까 1880년대에 이미 경희궁은 궁궐이 아니라 뽕나무밭이었다. 묘목 형태로 추정하면 이 뽕나무들은 자생적으로 자란 식물들이 아니라 의도적으로 심은 나무들이다.

포크가 찍은 이 사진 아래 설명은 'View over centre of Seoul, from West to East(서쪽에서 동쪽으로 바라본 서울 중심가)'다. 만일 포크가 이 건물들이 있는 경희궁을 '궁궐'로 인식했다면 사진 설명에 궁궐에 관한 내용이 포함돼 있었을 텐데 포크는 그러지 않았다. 이 방인 눈에 궁궐로 보이지 않았다는 말이다.

포크 사진에 나오는 창고건물은 141쪽에 있는 1898년 프랑스 삽화집 사진에는 보이지 않는다. 이 건물마저 그 사이에 철거됐다는 뜻이다. 대신 숭정전 뒤쪽에 똑같이 생긴 창고건물이 그려져 있다. 포크가 찍은 사진에는 숭정전이 잘려져 있어서 이를 확인할 수 없다. 대신 흥화문과 그 앞을 가득 채운 뽕나무, 그리고 건물 몇 채와 뽕나무 묘목장만 확인이 가능하다.

1880년대 포크 눈에 궁궐로 보이지 않았던 경희궁이 1890년대에는 '옛(Vieux)'이라는 수식어가 붙은 '뽕나무 궁전'으로 변해 있다.

마지막으로 지도 두 장을 보자. 145쪽 위쪽 지도[86]는 1901년 9월 영국공사관에서 작성한 지도다. 덕수궁은 '신궁(New Palace)'으로 표기돼 있고 경희궁(왼쪽 위)은 '뽕나무 공원(Mulberry Park)'으로 표시돼 있다. 아예 궁궐 지위를 상실하고 공원으로 변했다는 뜻이다. 그게 1901년이다. 영국공사관에서 1885년 작성한 아래쪽 지도에는 '조선 왕궁(Royal Corean Palace)'으로 표기돼 있지만[87] '아무도 살지 않는(Unoccupied)'이라는 꼬리표가 붙어 있다.

이게 도대체 무슨 뜻인가. 문화재청이 말하고 있는 '민족항일기인 1907년부터 1910년에 걸쳐 강제로 철거되어 궁궐로서의 존재가치

1901년 영국공사관이 작성한 서울 서부지역 지도.
/김정동,《고종황제가 사랑한 정동과 덕수궁》(발언, 2004) 부록

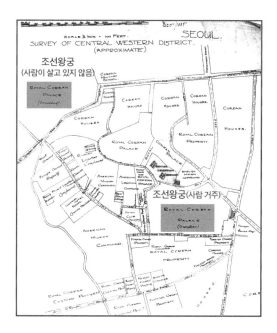

1885년 영국공사관이 작성한 서울 지도. /www.roomfordiplomacy.com

를 상실하였고 궁터도 철저하게 파괴됐다'는 설명이 처음부터 끝까지 왜곡이라는 뜻이다. 그 왜곡된 역사를 대한민국 사람들은 진실로 알고 궁터에 가면 '착하고 약한 조선과 대한제국 궁궐'을 '악하고 강한 일본제국'이 유린했다고 분노하는 것이다.

이들 사진과 삽화, 지도만으로도 위 안내문이 주는 배신감은 상당하다. 잘못 배웠고, 왜곡된 정보를 안내받고, 이를 진실인양 알고 있는 그 배신감 말이다. 이제 차근차근 경희궁이 조선 왕실에 의해 어떤 식으로 파괴됐는지 알아보기로 하자.

다섯 채만 남기고 다 헐어라

1865년 흥선대원군이 경복궁을 중건할 때, 공사에 간여한 한성부 주부 원세철이 남긴 기록이 있다. 제목은 《경복궁영건일기》다. 경복궁 중건이 결정된 1865년 4월 1일부터 완공 후 고종이 창덕궁에서 경복궁으로 옮긴 1868년 7월 3일까지 39개월 공사과정을 하루도 빠짐없이 기록한 책이다.

그런데 공사 개시 4개월 뒤인 1865년 8월 21일 일기에 이런 기록이 나온다.

'서궐西闕(경희궁) 전각 중 숭정전, 회상전, 정심합, 사현합, 흥정당을 남겼고 나머지는 모두 철거해왔다. 목재는 대부분 썩었으나 그 중 좋은 것을 취하여 나인들 숙소와 각사를 건조할 때 섞어서 썼다.'[88]

경희궁에서 건물 5채만 남기고 뜯어서 경복궁 공사 재료로 썼다는 말이다. 이뿐 아니라 '전정殿庭에 깐 박석 및 계체석階砌石을 뽑아' 광화문 공사에 사용했다.[89] 박석은 넓고 편편한 돌판을 뜻하고 계체석은 박석을 깐 모서리 경계면을 막은 돌을 뜻한다. 그러니까 경희궁에서 재활용 가능한 목재와 석재는 모조리 경복궁 공사에 투입했다는 뜻이다.

경복궁 중건은 세도정치 60년 동안 땅에 떨어진 전주 이씨 왕실 권위를 회복하려는 대원군의 야심작이었다. 국가 재정을 제대로 검토하지 않고 이뤄진 공사였기에 대원군은 실질가치가 형편없는 당백전을 발행하고 원납전이라는 반 강제적 성금까지 거둬가며 공사를 강행했다.

당백전은 경복궁 공사 개시 1년 8개월이 지난 1866년 12월에 발행되기 시작했다. 이미 공사가 진행되고 재정이 고갈된 이후였다.

그런데 경희궁 철거는 공사 4개월 만에 전격적으로 진행됐다. 즉, 경복궁 공사 계획 단계에서 이미 경희궁 철거 및 부재 재활용 계획이 입안돼 있었다는 말이다. 철종 때인 1860년에도 국왕이 창덕궁에서 경희궁으로 거처를 임시로 옮길 정도로[90] 멀쩡했던 궁궐이 경복궁 공사 개시 4개월 만에 그렇게 폐허로 변해버렸다.

그리고 공사 완료 두 달 전인 1868년 5월과 공사 완료 1년 8개월 뒤인 1870년 3월 경희궁 토지 또한 농지로 바뀌었다. 고종 정부는 두 차례에 걸쳐 이 경희궁 땅을 왕실 소유인 4개 궁, 즉 용동궁龍洞宮, 수진궁壽進宮, 명례궁明禮宮과 어의궁於義宮에 나눠주고 이들 궁에서 백성을 부려 땅을 개간해 농사를 짓도록 결정했다. 궁궐 자체가 사라져버린 것이다.[91] 그게 1870년이다.

창고로 쓰거라

경복궁 완공으로 조선 왕실은 창덕궁-경복궁이라는 두 궁궐 체제를 완성했다. 기존에는 창덕궁과 경희궁을 오가며 국왕이 생활했지만 이제 조선 왕실 법궁은 경복궁이 됐고 경희궁이 수행하던 역할은 창덕궁이 인수했다. 이제 경희궁은 쓸모없는 궁궐로 변했다. 이후 경희궁은 고종 명에 의해 차근차근 부관참시 같은 학살을 당한다.

경희궁 땅을 농지로 개간시킨 고종 정부는 1870년 선혜청 곡식 저장공간이 부족하다는 보고에 경희궁 숭정전 행각을 창고로 전용시켰다.[92] 1872년에는 비상시 곡식 저장을 위해 숭정문 앞 빈터에 200칸짜리 창고를 짓기도 했다(이 창고가 미국인 포크가 1884년 촬영한 143쪽 사진 속 건물로 추정된다). 흥화문 주변에는 화약 재료 보관창고도 만들었는데, 이 화약창고는 1883년 3월 10일 대폭발사고로 터져 흥화문 자체가 파괴됐다.[93]

뽕나무를 심거라

1882년 임오군란 이후 고종 정부는 청나라식 근대화를 위해 통리군국사무아문이라는 개혁기구를 설치했다. 이 기관이 주도한 농업개혁 작업에 양잠산업이 들어 있었다. 그리고 텅 빈 경희궁터는 양잠을 위한 뽕나무밭으로 바뀌었다. 고종 정부 고문이었던 독일인

묄렌도르프는 1884년 11월 같은 독일인 메르텐스를 고용해 양잠 시범사업을 벌였다. 메르텐스는 1886년 청나라로부터 뽕나무 50만 그루를 수입해 전국에 뽕밭을 조성했다. 경희궁에도 양잠을 권장하는 상징으로 뽕나무를 심었다. 1889년에는 숭정문 동쪽 회랑에 설치한 누에사육장에 큰 불이 나 서쪽 회랑까지 다 전소됐다.[94]

이게 그 무렵 조선을 찾았던 많은 외국인들이 경희궁을 '뽕나무 궁전'이라고 불렀던 이유다. 하루가 다르게 공터로 변하고 궁궐기능을 상실해가는 그 궁전을 영국인들은 궁궐이 아니라 '공원(Park)'이라고 불렀다.

개혁조치의 상징으로 경희궁터 뽕밭을 내세웠지만, 궁터는 망국의 상징이기도 했다. 그 즈음 청전淸錢(청나라 돈) 유통 금지령(1874)의 여파로 재정이 고갈되자 1883년 2월 고종은 당오전當五錢이라는 또 다른 저급 동전을 주조해 유통시키기로 결정했다. 그리고 그 당오전 주전소를 바로 이 경희궁에 주둔해 있던 왕실 친위부대 금위영으로 결정했다. 그러니까 창고로 용도가 바뀐 옛 궁궐이 물가 앙등이 예고된 저질 돈을 찍어내는 일까지 하게 된 것이다.[95]

위엄을 보이거라

나라가 대한제국으로 변신한 1899년 6월 1일 황제 고종은 당시 최고 국빈인 독일 하인리히 친왕 방한 때 군사 1,000명을 동원해 터를 고르고 경희궁터에서 관병식을 거행했다. 이날 활쏘기 시범을

보인 무관들에게 석 달 뒤 고종은 궁터 안에 황학정을 만들어 활쏘기 훈련을 계속하도록 했다.[96]

그런데 1902년 8월 16일 고종은 경희궁 전각 수리를 명했다.[97] 떨어져나간 숭정전 문짝도 그때 다시 달았다. 이 해는 고종이 1863년 왕위에 오른 지 40년이 되던 해였다. 이 '칭경 40주년'을 기념하기 위해 고종은 바로 이 넓고 평탄한 경희궁터 뽕밭 연병장에서 대대적인 관병식 행사를 준비했다. 그런데 연이은 콜레라와 러일전쟁으로 행사 자체가 모조리 취소되고 결국 나라는 망국으로 접어들었다. 1907년 황제는 강제퇴위되고 아들 이척이 융희제로 취임했다. 융희제 순종은 창덕궁을 황궁으로 삼았다. 경희궁, 아니 뽕밭 겸 주전소 겸 연병장은 쓸모없는 공터로 변했다.

망국, 빚잔치

1910년 경희궁은 한일병합과 함께 국유지로 편입됐다. 이때 남아 있는 건물은 숭정전, 회상전, 흥정당, 흥화문과 회랑, 1899년 만든 황학정밖에 없었다.[98]

1908년 통감부는 황제 칙령을 통해 경복궁과 고종이 사는 덕수궁, 순종의 창덕궁만 황실 재산인 '궁宮'으로 분류하고 경희궁은 '국유지'로 분류했다. 건물은 법적으로 사라졌고 땅만 남았다는 뜻이다.[99] 궁터와 남은 건물은 1909년 서대문에 설립된 경성거류민단립 경성중학교가 이듬해 궁터로 이전해 재활용했다. 건물은 교사와 부

속건물로 사용됐다. 해방 후 1946년 경성중학교 교정에 서울중·고
등학교가 설립됐다. 서울고등학교는 1980년 정부방침에 따라 서울
서초동으로 이전했다.

학교 건물로 쓰이던 숭정전은 1926년 일본계 사찰 조계사曹谿寺
가 1,500원을 주고 뜯어갔다.[100] 숭정전은 지금 서울 동국대 구내에
있다. 1928년 조계사는 회상전도 사들여 부엌으로 사용했다.[101] 흥
정당은 같은 해 3월 용산에 있는 광운사에 팔려나갔다. 흥화문은
1932년 이토 히로부미 추모 사찰인 박문사 산문으로 뜯겨갔다가
1988년 재이전됐다. 여기까지가 경희궁 훼철사다.

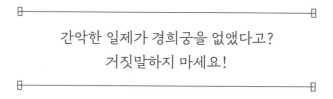

간악한 일제가 경희궁을 없앴다고?
거짓말하지 마세요!

8장

원나라가 고려왕을 강제로 사위로 삼았다고?

쿠빌라이를 당황하게 만든
고려의 배짱 청혼

괴담

1

몽골은 고려에 부마국이 될 것을 강요하면서 고려의 관제를 부마국에 맞게 고치도록 강요하였다. 또한 몽골에서 파견한 다루가치의 정치적 간섭과 고려에 주둔한 몽골군 지휘관들의 내정 간섭으로 고려는 몽골의 제후국으로 지위가 격하되고 말았다.(국사편찬위원회, 《우리역사넷》 〈교양 우리역사〉 '고려왕실의 격하')

2

몽골과 강화를 맺은 고려는 독립국의 지위를 유지할 수 있었지만 고려 왕이 원 황제의 부마가 되면서 자주성에 심한 손상을 입었다.(천재교육, 《고등학교 한국사》(2019) 4.몽골의 침략과 고려 후기의 정치변동)

진실

몽골은 고려에 부마국을 강요한 적이 없다. 오히려 고려 왕실은 '싫다는 원나라 황실'에 박박 우겨서 자발적으로 사위국이 됐다. 이로써 고려는 정치적 문화적 자주성을 유지할 수 있게 됐다.

고려가 대몽골제국을 상대로 벌인 대몽항쟁(1231~1270)의 실체는 이 책에서 논할 주제가 아니다. 다만 단행본 책 한 권 분량은 될 만큼 잘못 알려진 일들이 이 대몽항쟁 역사에 관해 쌓여 있다. 수도 개경에서 강화도로 천도를 한 세력은 무신정권이었고 고려 국왕은 명목상 따로 있었다. 고려 전국에서 수시로 벌어진 전투에서 주력 부대는 천민과 평민이었고, 전시 수도 강화도에서 무신 세력이 벌인 행각은 음습하고 배반적이기까지 했다. 그 영웅담과 악행 열전은 따로 이야기하기로 하자.

고려는 지구상 다른 나라와 달리 몽골에 지난한 항쟁을 벌였고, 결국 대원제국 제후국으로 편입되는 조건으로 항쟁을 풀고 평화를 찾는다. 그리고 그 결속을 강력하게 만들기 위해 몽골은 고려와 장인—사위 연맹을 맺는다. 그런데 한국에서는 이 고려와 원나라 결혼동맹에 대해 폄하하는 것이 무슨 지성知性의 조건처럼 생각되어 왔다. 또 원나라가 고려왕에게 강압적으로 결혼을 강요하였고, 그 결혼동맹이 원나라의 식민지가 되는 지름길로 알고 있다.[102]

사실이 아니다. 고려는 결혼동맹을 강요당한 적이 없다. 오히려 고려는 싫다는 몽골 황실을 때로는 강압으로 때로는 읍소泣訴로 설득해 부마국 지위를 얻은 것이다. 잘못 배운 것이다.

인천광역시 강화도에 있는 고려 고종 무덤 홍릉. 무신정권과 몽골 전쟁에 시달린 고종은 아들인 태자 왕전을 항복 사신으로 보냄으로써 평화의 물꼬를 틔웠다.

1231년, 지옥의 시작

1206년 건국 이후 불과 50년 만에 모스크바를 넘어 폴란드와 헝가리까지 집어삼킨 몽골이었다. 그런데 이 작은 나라 고려는 정복하지 못했다. 1225년 1월, 서경(평양)에 왔던 몽골 사신 저고여著古與가 귀국길에 압록강을 건너자마자 누군가에게 피살됐다. 고려 정부는 고려사람 짓이 아니라고 주장했지만 몽골은 믿으려 하지 않았다. 오히려 고려를 공격할 구실로 삼고 6년 동안 벼르다 1231년 고려에 대한 1차 침략을 감행했다.

침입이 극에 달했던 1232년 6월, 무신정권 권력자 최우 집에서 회의가 열렸다. 국왕 고종은 허수아비였다. 중요 결정은 주로 비공식 회합에서 이뤄졌다. 안건은 천도遷都였다. 무신정권은 강화도로 도읍을 옮겨 몽골에 항전하자고 했다. 그때 개경 인구는 10만에 이르렀고 호화 저택이 서로 바라보며 서 있었다.

민심은 천도 거부였다. 아무도 입을 열지 않았다. 평소 침착하고 과묵하면서도 겸손하던[103] 종2품 문신 참지정사 유승단이 입을 열었다. "섬에 숨어 구차하게 세월을 연장하면서 백성과 장정을 칼과 화살에 죽게 만들고 노인과 아이들을 노예와 포로가 되게 하는 것은 나라를 위한 장계長計가 아니다." 아무도 입을 열지 않았다.

그날 밤 특수부대인 별초別抄 지유指諭(부대장) 김세충金世沖이 문을 박차고 들어왔다. "군사와 양식이 풍족하니 천도는 불가하다." 최우는 김세충 목을 베고 그날로 천도를 결정했다. 백성들에게는 섬과 산성으로 숨으라고 방을 붙이게 했다. 험난한 항쟁이 시작됐다. 그런데 정작 항쟁을 결정한 권력자 최우는 공무원 월급 운반 수레인 녹전거祿轉車 100대를 징발해 자기 재물을 싣고 강화도로 떠났다.[104] 이후 강화도와 고려 전역에서 벌어진 아비규환은 우리가 익히 잘 알고 있으므로 생략하자.

지옥 그리고 항복

긴 항쟁에 지쳐 있던 고종은 항복을 준비하고 있었다. 몽골은 고려 왕실에 공물과 인질은 물론 입조入朝를 요구했다. 왕이 공식적으로 항복하고 속국이 되라는 것이다. 섬으로 숨은 지 21년이 흐른 1253년 강화講和를 주장하는 관료들이 고종 둘째 아들 왕창王淐을 몽골로 보내자고 결정했다. 고종이 머뭇댔다. 참지정사 최린이 말했다. "아들이 중요한가. 지금 백성 중 살아남은 자가 열에 두셋이다. 강화 한 곳을 지킨들 어찌 나라가 되겠는가."[105] 고종은 아들을 몽골로 보냈다. 섬 바깥세상은 유승단 예언대로였다.

1253년 항복 요구에 쫓긴 고종이 승천부(현 개풍군)에 새 궁궐을 짓고 몽골 사신 뭉구다이蒙古大를 만났다. 뭉구다이가 말했다. "우리 대군大軍이 고려 땅에 들어온 이래 하루에 죽는 이가 몇 천, 몇 만을 헤아린다. 왕은 어찌 자기 몸만 아끼고 만민 목숨은 돌아보지 않는가. 일찍 육지로 나와 맞이했다면 무고한 백성이 간과 내장을 땅에 쏟아내며 죽었겠는가. 지금부터 만세토록 화친을 맺자."[106]

1254년 한 해 남녀 20만 6,800명이 끌려갔다. 살육당한 자는 헤아릴 수 없었다. 몽골군이 지나간 마을은 잿더미로 변했다.[107] 개경에서 죽은 아버지 시신을 찾던 문신 박항은 아비를 찾지 못해 산을 이룬 시체더미를 뒤져 비슷하게 생긴 사람 300여명을 묻어주었다.[108] 나라꼴이 나라가 아니었다. 여론은 화친和親, 다시 말해 항복이었다. 하지만 실권을 쥐고 있던 무신정권은 항복을 거부했다.

5년이 흐른 1258년 3월 26일 마침내 고종 측근인 대사성 유경, 낭장 김인준, 별장 차송우가 최씨 무신정권 마지막 권력자 최의를 죽였다. 이들은 무신정권에 종지부를 찍고 권력을 왕 고종에게 반환했다.[109] 권좌에 복귀한 고종은 1259년 4월 맏아들인 태자 왕전王倎에게 화친 요청 문서를 들려 보냈다. 돈이 없어서 문무 관료들이 은 1근과 옷감을 추렴했다. 짐 실을 말이 없어서 지나가는 사람들 말을 강제로 샀다. 문서에는 이렇게 적었다. "병이 들어 태자를 대신 보내니 모든 말을 받아주셔서 제후로서 충성스런 직책을 다할 수 있게 하여 주시라. 일찍이 군사를 지휘하는 권신들이 오래도록 나랏일을 마음대로 한 탓에 이를 제어할 수 없었다. 천자의 신령한 은혜[皇靈·황령]에 힘입어 흉악한 놈을 쉽게 제거했으니 만세토록 한 마음으로 힘을 다할 것을 기약한다."[110]

재위만 45년이었다. 병들고 지친 그 긴 세월 끝에 무신정권을 타도하고 왕좌를 탈환했다. 평화를 되찾겠다는 의지도 있었다. 그리고 국내정치 안정과 권력 강화를 위해서 몽골 황실 권위에 의지하겠다는 욕심 또한 강했다.

열리는 지옥문

　태자가 대륙으로 떠난 사이 고려는 침몰 직전이었다. 6월 10일 몽골 사신이 와서 왕에게 강화도에 설치된 성곽을 허물라고 요구했다.[111] 항복 의사를 눈으로 확인시켜달라는 뜻이다. 다음 날 군인들이 강화도 내성內城을 헐기 시작했다. 몽골 사신의 강경한 독촉에 사람들은 "차라리 성을 쌓지 않은 것만 못하다"고 고통스러워했다. 이틀 뒤 곳곳에서 성곽이 무너지는 소리가 들렸다. 그 천둥 같은 소리에 길거리 아이들과 여자들이 슬피 울었다.

　6월 18일에는 사신들이 외성外城까지 허물라고 요구했다. 고려 정부는 이들에게 뇌물을 바치고 서둘러 성곽을 허물었다. 이를 보던 많은 사람들이 앞 다퉈 배를 사는 바람에 배값이 폭등했다. 그리고 12일 뒤인 6월 30일 제대로 권력을 누리지도 못하고 태자만 대륙으로 떠나보냈던 왕, 고종이 죽었다. 68세였고 재위기간은 45년이었다.[112] 태자가 들고 간 항복문서를 몽골 황실이 인정하지 않는다면 이제 강화도는 무방비상태로 함락될 판이었다. 그런데.

쿠빌라이와 세자의 만남

　태자가 국경을 넘고 황당한 일이 일어났다. 항복을 받아야 할 몽골 황제 헌종이 죽어버린 것이다. 바로 헌종 동생들 사이에 권력투쟁이 벌어졌다. 막냇동생 아리크부카는 당시 몽골 왕도인 서쪽 카

쿠빌라이칸 세조. 권력투쟁 과정에서 고려 태자 왕전 도움으로 황제위에 오른 뒤 고려에 절대적인 안정을 선물했다. / 대만 국립고궁박물원

라코룸에서 전투를 벌이고 있었고 넷째동생 쿠빌라이는 동쪽에서 남송을 정벌 중이었다. 족장 회의에서 아리크부카가 차기 칸으로 선출됐다. 하지만 민심은 어느 한쪽으로 쏠리지 않고 흔들리고 있었다.

그런데다 아버지 고종까지 죽었다는 소식이 전해왔다. 그래서 태자 일행이 고려로 귀국하는 길에 바로 이 쿠빌라이를 찾아간 것이다. 쿠빌라이는 아리크부카가 칸으로 선출됐다는 소식을 듣고 군사를 끌고 북상 중이었다. 쿠빌라이를 만난 태자 일행은 길거리에서 곧바로 쿠빌라이에게 패물을 받들고 예를 표했다. 그러자 '태자가 폐물을 받들어 길가에서 배알하니 황제의 아우가 놀라고 기뻐하며 말하기를, "고려는 만리萬里나 되는 큰 나라다. 당 태종이 몸소 정벌했으나 복속시킬 수 없었는데 지금 세자가 스스로 오니 이는 하늘의 뜻이다"라고 하였다.'[113]

권력을 향한 내전內戰에서 지푸라기라도 잡으려 했던 쿠빌라이에게는 참으로 낭보였다. 30년 동안 정복할 수 없던 고려가 다름 아닌 자기에게 제 발로 걸어와 항복한 것이다. 결단을 못하고 있던 쿠빌라이에게 참모인 조양필이 이렇게 권했다.

"고려는 비록 소국이지만 험준한 산과 바다가 있는 탓에 아직 정복하지 못했다. 작년에 이 태자가 내조했었는데 헌종 황제가 전쟁 중이라 뵙지 못하고 마냥 기다리기만 했다. 후하게 대접해 번왕藩王의 예로써 대우하면 병졸 한 명 수고도 없이 한 나라를 얻게 되리라."

힘을 얻은 쿠빌라이는 스스로 몽골제국 5대 황제에 올랐다. 그가 세조다. 고려 세자가 왜 쿠빌라이를 택했는지는 아무도 모른다. 실세實勢라고 판단했는지 우연이었는지 아무 생각이 없었는지는 정말 아무도 모른다. 이듬해 3월 쿠빌라이에 의해 고려 번왕에 책봉된 태자는 몽골사신과 동행해 개경으로 돌아왔다. 대성공이었다.

「불개토풍不改土風」 – '고려는 놔둔다'

세자가 고려로 돌아가고 한 달 뒤 세조가 이렇게 명했다. "부디 물에서 나와 육지에서 백성을 편하게 만들라. 정벌하러 간 군사는 모두 회군시키겠다. 몽골 군사들 가운데 약탈하는 자가 있으면 모두 단죄하리라."*

당장 항복하라던 강경한 예전 어투와는 딴판이었다. 이뿐 아니었다. 두 달 뒤 쿠빌라이는 다시 명을 내렸다.

"고려는 의관은 본국 풍속을 따르고 위아래로 모두 고치거나 바꾸지 말라. 또 개경 환궁은 서두르지 않아도 좋다. 내 진심을 말하였으니 의심하면서 두려워하지 말라."[114]

사신도 몽골 중앙에서만 파견하고, 개경 복귀도 서두르지 말 것이며 몽골군도 곧 철수하겠다. 파격이었다. 고려는 다른 피정복국가와 달리 국가 체제를 그대로 유지하도록 하겠다는 선언이었다. 이는 가만히 있는 고려에게 주는 선물이 아니었다. 개경으로 환도하라는 세조 명이 도착하자마자 고려 왕실에서 보낸 6개 요구항목을 황제가 100퍼센트 그대로 수용한 것이다.

고려 국가 체제를 그대로 유지시킨다는 이「불개토풍不改土風」정책은 몽골이 멸망할 때까지 유지됐다.

쿠빌라이로서는 태자 왕전은 수세에 몰렸던 권력투쟁을 역전시킬 수 있었던 은인이었다. 하지만 권력이 안정되면 언제 바꿀지 모를 불안하기 짝이 없는 약속이 아닌가. 원종으로 즉위한 태자 왕전은 이 약속을 영속화하기 위해 기절초풍할 계책을 내놨다. 몽골 황실 권위로 국내 정적들을 잠재우고 국경 또한 안정시키기 위한 조

---

*《원고려기사元高麗紀事》세조황제 원년 1260년 4월 2일.《원고려기사》는 청나라의 문정식이 《영락대전》에서 고려와 원나라 관계기사를 인용하고 《원사》고려전을 참고해 편집한 역사서다. 1917년 3월에 정식 간행된 정사正史다.

치, 바로 '결혼동맹'이었다.

1270년 2월 연도燕都(북경)

10년이 지났다. 원종(왕전)은 쿠빌라이 약속에 기대서 아직 강화도에 머물러 있었다. 1270년 2월 원종은 몽골로 직접 가서 군사를 요청했다. "아직도 속을 썩이는 무신 잔당을 함께 제거해주면 개경으로 환도하겠다"고 했다. 그리고 곧바로 자기 아들을 사위로 맞아 달라고 쿠빌라이에게 요청한 것이다.

"우리나라가 귀국에 청혼한 것은 영원히 좋은 인연을 맺자는 것으로, 분수에 넘는 일인가 하여 오랫동안 청하지 못하였습니다. 이제 원하는 바를 모두 이루어주셨으며 마침 세자도 입조하여 있으니 엎드려 바라건대 공주를 세자에게 내려주셔서 혼례를 이룰 수 있다면 우리나라는 만세토록 영원히 제후로서의 직분을 충실히 수행할 것입니다."[115]

쿠빌라이는 참으로 난감했다. 평생을 전쟁터에서 보낸 쉰다섯 먹은 무장이었지만 이런 경우는 처음이었다. 입만 열면 이런저런 요구가 쏟아지던 변방 나라 고려 왕 원종이 대몽골황제와 사돈을 맺자는 것이다. 자기 정적政敵을 치겠다고 군사를 빌려 달래서 승락했더니 감사 인사가 끝나기도 전에 이번엔 딸을 달라고?

무시할 수 없는 요구이긴 했다. 자기를 황제로 만들어준 사람이 바로 이 네 살 아래 원종이었으니까. 그래서 쿠빌라이는 알 듯 모를

듯 애매하게 이리 답했다.

"지금은 다른 일 때문에 와서 청하는 것이 너무 서두르는 것 같다. 귀국하여 백성을 잘 보살피고 특별히 사신을 파견하여 요청을 해야 허락할 수 있다. 내 친자식은 이미 모두 결혼하였으므로 형제들과 모여 의논해서 허락하겠다."[116]

황당한 요청에 세조는 관료들과 논의 끝에 "서두르지 말고 찬찬히 생각하자"며 미뤘다. 딸들이 다 결혼했다는 핑계도 붙였다. 사실은 쿠빌라이에게는 아속진阿速眞(후궁)이 낳은 쿠툴룩켈미시忽都魯揭里迷失라는 열한 살짜리 딸이 있었다. 이듬해 10월 세조는 전략적 고민 끝에 혼인을 허락했다. 그리하여 4년 뒤인 1274년 5월 11일 원종의 맏아들 왕거王昛와 세조 딸이 혼인을 하니, 이 부부가 충렬왕과 제국대장공주다. 원종은 아들 부부 혼례를 다 지켜보고 한 달 뒤 죽었다.

강력한 부마국, 고려

모든 것이 바뀌었다. 충렬왕이 몽골에 머물다 고려로 돌아오던 날 몽골의 고려 파견 관리인 다루가치가 왕에게 절을 하지 않았다. 그러자 충렬왕을 수행한 몽골 사신이 다루가치에게 말했다. "우리가 돌아가 (네 무례함을) 황제께 보고하면 죄가 없을 것 같은가?"[117] 황실 부마를 변방국가 번왕처럼 취급하던 다루가치 제도는 충렬왕 때 폐지됐다. 이후 몽골에서 무리한 공물 요구와 제도 변경 간섭이 있으면 고려는 '세조가 선언한 법'이라며 이를 거부했다. 역대 몽골 황실은 고려 배짱을 거부하지 못했다. 이를 세조 쿠빌라이가 만든 옛 제도, 「세조구제世祖舊制」라고 한다.[118]

이후 고려왕은 황실 부마 자격으로 황실회의에 서열 7위로 참석해 의결권을 행사했다. 충렬왕의 아들 충선왕은 아버지 충렬왕과 권력 다툼 끝에 왕위를 아버지에게 빼앗기고 몽골로 유배를 당했다. 그곳에서 황실 친척들과 '함께 같이 자고 일어나 밤낮으로 서로

강화도 홍릉을 지키는 석물.

떨어지지 않다가' 궁중 쿠데티에 참가했다. 7대 황제 무종과 8대 황제 인종이 그 밤낮으로 떨어지지 않던 친척들이다.[119] 무종은 충선왕을 다시 고려왕 겸 요동을 통치하는 심양왕에 봉했다.

이후 충선왕은 방탕한 생활을 거듭하다 고려 출신 몽골 환관과 고려 왕실 출신인 인종 후비에게 권력을 빼앗기고 티베트로 유배됐다가 죽었다. 충선왕을 축출한 인종 후비 바얀후투그[伯顏忽篤·백안홀독]는 충선왕의 여섯 번째 왕비 순비順妃가 전 남편 사이에서 낳은 딸이다. 그러니까 충선왕의 의붓딸이다.

그러니 누가 몽골이 고려를 강압해 사위로 만들었다고 하는가. 충선왕 일생에서 보듯, 고려가 망한 것은 원나라 치하 억압과 착취 탓이 아니었다. 고려는 그 억압구조를 역이용해 천하무적 몽골로부터 국내외 정치와 국제정세를 좌지우지하던 국가였다. 말기로 갈수록 썩어간 내부 부패가 문제였지, 고려는 대단한 나라였다. 태자 왕전을 쿠빌라이에게 보낸 그 고려 고종은 지금 강화도에 묻혀 있다.

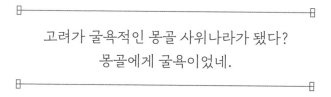

고려가 굴욕적인 몽골 사위나라가 됐다?
몽골에게 굴욕이었네.

9장

베트남 호찌민이
《목민심서》를 읽었다고?[120]

❋

정약용을 둘러싼
조작된 괴담

괴담

베트민[越盟·월맹]의 호찌민胡志明이 부정과 비리의 척결을 위해서는 조
선 정약용의《목민심서》가 필독의 서라고 했다는 이야기가 전하고 있으
니, 이런 것을 그분 위대함의 보론으로 삼고 싶다.(유홍준,《나의 문화유산
답사기》1권, p.70)

진실

완전 거짓말. 호찌민은《목민심서》를 읽기는커녕 정약용이라는 인물
을 들어본 적도 없음.

지금은 호수로 변했지만 그 옛날 팔당호는 강이었다. 1925년 을축년 대홍수로 강변은 물바다가 됐다. 정약용이 살았던 마재마을도 마찬가지였다. 그때 사라질 뻔한 그 저서를 후손이 건져내 《여유당전서》로 부활했다. 마재에 가면, 베트남의 국부 호찌민이 그의 《목민심서》를 애독했다는 가짜뉴스는 입 밖에 꺼내지 말 일이다.

1925년 을축년 대홍수 속에서 조상이 남긴 기록을 사수해낸 한 노인 이야기가 당시 신문에 소개됐다. 현대어로 해석한 내용은 이러하다. '오십이 넘은 중늙은이는 책을 건지지 못하면 책과 함께 한강의 귀신이 되겠다며 결사의 행동을 취했다. 집채 같은 물이 머리 위를 넘고 집이 무너지는 소리가 곳곳에서 들리던 지난 18일 새벽 그는 아들과 함께 물을 헤치고 (집으로 들어가) 책을 구해냈다.'[121]

물이 넘쳐 사라져 버린 마을 이름은 '마재'다. 지금 경기도 남양주시 마현마을이다. 책을 둘러업고 살려낸 사람의 이름은 다산 정약용의 현손 정규영이다. 그가 구해낸 책은 '정약용의 평생 포부를 적어놓은' 《여유당집》이다. 집 뒤 다산 무덤까지 차오른 물에 자그마치 '오천삼백이십 권'은 떠내려가고 정규영은 《여유당집》 일백팔십삼 책만 건졌다. 이게 정약용의 사상세계가 21세기까지 계승될 수 있었던 이유다. 대한민국 사상계에 아찔했던 1925년 여름이었다.

을축년 홍수 때 유실됐다가 1986년 복원된 정약용 생가 안채.

대통령의 《목민심서》 이야기

2017년 11월 11일 당시 대한민국 대통령 문재인은 베트남 호찌민시에서 열린 '경주세계문화엑스포' 개막식에 축하 영상메시지를 올렸다. 이런 내용이었다.

"베트남 국민이 가장 존경하는 호찌민胡志明 주석의 애독서가 조선시대 유학자 정약용 선생이 쓴《목민심서》라는 것은 널리 알려진 사실입니다."

한 나라 대통령이 양국 교류의 상징으로 공식적으로 정약용과 호찌민을 언급했으니, 대한민국 사람으로서 이보다 더 뿌듯한 경사가 어디 있겠는가.

정약용의 대표작《목민심서》. / 열화당책박물관

호찌민의 《목민심서》 애독설은 20세기 후반 어느 때부터 세상에 알려졌다. 베트남 민족영웅이자 국부인 호찌민이 다산을 흠모해 《목민심서》를 애독했고 그가 죽은 기일에는 제사를 지냈다는 것이다. 머리맡에는 항상 《목민심서》가 놓여 있었고 부정과 비리를 척결하기 위해서는 《목민심서》가 필독의 서라고 했다는 것이다.

총을 겨누며 싸운 악연까지 있는 나라였으니, 민족 자긍심 고취에 한량없는 소식이었다. 지금도 인터넷 포털에서 《목민심서》를 검색하면 십중팔구는 호찌민 애독서라고 나온다.

이제 베트남 국부 호찌민의 정약용 숭배설을 파헤쳐본다. 결론부터. 호-찌-민-은-목-민-심-서-를-읽-은-적-이-없-다.

호찌민 애독설의 시작과 유포

1993년 대한민국 방방곡곡을 살아 있는 박물관으로 만든 책 《나의 문화유산답사기》 1권이 나왔다. 전남 강진, 해남의 역사문화 유적을 소개한 이 책에서 저자 유홍준은 이렇게 기록했다. '베트민[越盟·월맹]의 호찌민이 부정과 비리의 척결을 위해서는 조선 정약용의 《목민심서》가 필독의 서라고 했다는 이야기가 전하고 있으니, 이런 것을 그분 위대함의 보론으로 삼고 싶다.'* 그 앞에 유홍준은 위당 정인보의 말을 인용해 정약용 연구는 '조선혼의 밝음과 가리

* 유홍준, 《나의 문화유산답사기》 1권, p.70

프랑스 식민주의에 대한 민족 저항 전쟁의 승리 후 호찌민(1954년 7월). 프랑스에 맞서 독립을 쟁취해낸 이 독립투사가 《목민심서》를 탐독하고 정약용을 존경했다는 이야기는 1990년대 일부 지식인의 근거 없는 주장으로 드러났다. / hochiminh.vn

움 내지 조선 성쇠존망에 대한 연구'라고 했다.

전 고려대 아세아문제연구소 연구교수 최근식에 따르면 이보다 1년 전인 1992년 《소설 목민심서》 머리말에서 작가 황인경이 '호찌민은 일생 동안 머리맡에 《목민심서》를 두고 교훈으로 삼았다'고

했다.* 역시 비슷한 시기에 시인 고은이 〈경향신문〉에 이런 글을 기고했다. 제목은 〈나의 산하 나의 삶―혁명가의 죽음과 시인의 죽음〉이다. '소녀시대 극동의 조선 후기 실학자 정약용의 《목민심서》를 구해 읽고 한동안 기일을 알아 추모하기를 잊지 않기도 했다.'**

'다산연구소'는 다산 정약용 연구에 지대한 공헌을 한 단체다. 다산연구소의 홈페이지(www.edasan.org), 〈풀어쓰는 다산이야기〉에는 이런 글이 게재돼 있다.

'호찌민의 머리맡에는 바로 《목민심서》가 항상 놓여 있었다는 것이다. 다산의 제삿날까지 알아내서 해마다 제사를 극진하게 모시기도 했다는 것이다.(하략)'***

글을 쓴 사람은 다산연구소 이사장 박석무이고 게재일은 2004년 7월 9일이다. 글 번호는 29번이고 제목은 '희희호호―4'다. 앞에 나온 《소설 목민심서》의 저자 황인경은 머리말에 '늘 곁에서 조언을 해준 박석무 다산연구소 이사장께 깊은 감사의 마음을 드린다'고 기록했다.

시간 순으로 나열해 본다면 호찌민 《목민심서》 애독설을 공개적으로 주장한 순서는 황인경(《소설 목민심서》, 1992)―유홍준(《나의 문화유산답사기》, 1993)―고은(〈경향신문〉 인터뷰, 1994)―박석무(다산연

* 최근식, 「호찌민의 『목민심서』 애독 여부와 인정설의 한계」, 「평화학연구」 3, 한국평화연구학회, 2010
** 1994년 7월 17일 〈경향신문〉
*** 박석무, '희희호호(熙熙皞皞)―4', 다산연구소 홈페이지 〈다산글방〉 〈풀어쓰는 다산이야기〉 2004년 7월 9일(글 번호 29)

구소, 2004)다. 그리고 내용은 '애독설'에서 '필독서'로, '필독서'에서 '기일에 제사지냄'으로 살이 붙고 뼈가 자라나는 전형적인 괴담 전 승과정을 거쳤다. 전승과정을 완성한 사람은 다산연구소 이사장 박 석무였고.

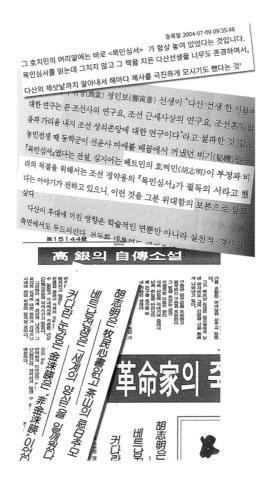

1990년대 초부터 쏟아져 나온 '호찌민의 《목민심서》 애독설'. 위부터 다산연구소 게시판, 《나의 문화유산답사기》 1권, 1994년 시인 고은의 신문 기고문. 지금도 제대로 수정이나 취소 가 되지 않고 있다.

문제는, 이들 지식인들이 주장한 호찌민의 정약용 존경설이 말 그대로 주장에 불과할 뿐, 전혀 근거가 없다는 사실이다. 언제 어떤 경로를 통해 호찌민이 《목민심서》를 입수했는지에 대해서는 그 누구도 명확한 근거를 대지 않았다.

박헌영이 《목민심서》를 줬다고?

2009년 나온 《박헌영 평전》(안재성, 실천문학사, 2009)은 그 근거를 이렇게 대고 있다.

> 1929년 박헌영이 입학한 모스크바 국제레닌학교에는 호찌민도 있었다. 그는 박헌영과 각별히 친했다. 박헌영은 그에게 《목민심서》를 선물했다. 나라의 관리가 어떤 마음으로 어떤 인민을 대해야 하는가를 기록한 이 책은 장차 베트남의 지도자가 되는 호찌민에게 평생의 지침이 되었다.[*]

박헌영을 통해 조선 실학자의 사상이 베트남에 전파됐다는 것이다. 저자인 안재성은 더 구체적으로, '박헌영이 준 《목민심서》는 하노이에 있는 호찌민박물관에 보관돼 있으며, 박헌영은 '친한 벗'이라는 뜻의 '붕우朋友'라는 서명을 해 선물했다'고 덧붙였다.

[*] 안재성, 《박헌영 평전》, 실천문학사, 2009, p.106

정말인가?

박헌영이 국제레닌학교에 입학한 1929년 호찌민은 정글 속에 있었다. 1919년 프랑스 파리에서 활동했던 호찌민은 1923년 모스크바로 가서 동방노력자공산대학에 다니며 활동한 뒤 중국을 거쳐 1928년 태국 방콕에서 본격적인 반제국주의 투쟁을 하고 있었다.[122] 두 사람이 모스크바에 체류한 기간이 겹치지 않는다. 만남 자체가 불가능했으니, 앞의《박헌영 평전》주장은 참고할 가치가 없다.

정약용 사후 100년 만에 출판된《목민심서》

1902년 장지연(〈시일야방성대곡〉의 저자)이 처음으로 《목민심서》를 출간했다. 그전에는 지방 관청에서 저마다 만든 필사본밖에 없었다. 1936년 정약용 서거 100주년에 즈음해 조선 지식인들이 《여유당전서》 출간을 결정했다. 주도자는 정인보와 안세홍이다. 이들은 당시 〈조선일보〉 출신 지식인들과 함께 출판사 '신조선사'를 만들고 1934~1938년 정약용 후손이 살려낸 문서들을 토대로 《여유당전서》를 발행했다. '정신, 사상, 학술에 독립을 하는 조선학을 위해' 이뤄진 일이었다.[123]

1818년 유배에서 풀려난 정약용은 시중에 필사본이 돌아다니는 사실을 알고 "한 글자 반 구절도 다시는 다른 사람에게 보여선 안 된다"고 두려워했다.[124] 그런저런 연유로 생전에는 단 한 권도 출간된 적 없던 그의 저서가 죽고 100년 만에 세상에 나온 것이다.

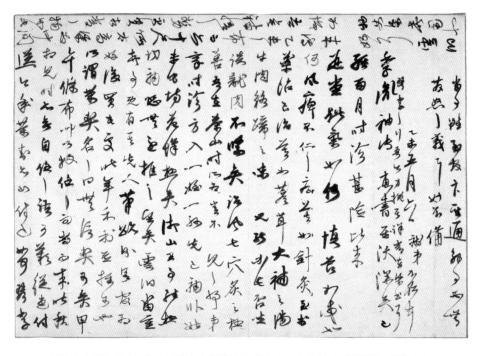

정약용이 약암 이재의에게 보낸 편지. "《목민심서》를 아무도 못 보게 해 달라"고 적혀 있다.
/국립중앙박물관

　둘 모두 정약용이 흘려 쓴 글을 활자로 옮긴 한문본에 분량 또한 48권 16책으로 방대하다. 아무리 한자권 지식인이라도 호찌민이 정글에서 들고 다니며 애독하는 것은 상식적으로 사리에 맞지 않는다. 게다가 박헌영은 《여유당전서》 출간 전인 1929년 국제레닌학교를 졸업했다. 호찌민은 박헌영을 만날 방법이 없었고, 정약용의 존재 자체를 알 방법이 없었다.

베트남에 없는 《목민심서》

1990년대 초 지식인 사회 어딘가에서 호찌민과 정약용을 연결하는 이야기가 동시다발적으로 시작됐다. 이 위대한 이야기는 급속도로 유포되며 사실로 확정됐다.

그러다 2006년 1월 9일 〈연합뉴스〉 베트남 특파원 김선한은 '호찌민박물관과 집무실에는 《목민심서》가 없다'고 보도했다. 김선한은 "《목민심서》와 관련된 주장은 와전된 것이 분명하다"는 응웬 티 띵 관장 말도 함께 전했다. 베트남 현지에서 허위라고 증명이 된 것이다. 김선한은 "한국에서 호찌민 《목민심서》 애독설이 나올 때마다 베트남 주재원들이 본사로부터 사실 파악 지시가 빗발쳐 생고생을 했다"고 했다. 띵 관장은 이렇게 말하기도 했다. **"한국이 일본에 대해서는 역사 왜곡하지 말라고 하면서, 왜 우리에게는 그것을 자행하는가."**

그럼에도 불구하고 잘못된 사실은 취소되지 않았다. 현재 판매 중인 《소설 목민심서》 머리말에는 이 같은 내용은 빠졌다. 그러나 고은이 출간한 시집 《만인보》에는 똑같은 내용이 들어 있다. 유홍준의 《나의 문화유산답사기》 1권도 여전히 동일한 내용을 담고 있다. 《소설 목민심서》는 '판매량 600만 권', 《나의 문화유산답사기》 1권은 '230만 독자를 감동시킨 답사기'로 홍보 중이다.

2019년 4월 24일 다산연구소 게시판에는 박헌영과 호찌민에 관한 베트남 한인매체 질문이 올라왔다. 사실 여부를 묻는 질문이었다. 이에 대해 연구소 측은 '근거가 전무하며 확인된 바가 없다'고 답을 올려놓았다. 희한하게도 박석무가 썼던 '호찌민의 머리맡에는 바로 《목민심서》가 항상 놓여 있었다'라는 컬럼 또한 삭제되지 않고 그대로 게재돼 있다. 오류임을 인정하지 않은 것이다.

그런데 그해 11월 다산연구소 이사장 박석무는 이런 글을 홈페이지에 올렸다. 한 일간지에 정약용과 호찌민 이야기가 실려서 이를 신뢰했다는 것이다.

다산연구소 개소 직후인 2004년 6월 22일자 〈동아일보〉 〈동아광장/고승철칼럼〉에 '목민심서를 펼쳐보라'라는 제목의 글이 실렸습니다. 프랑스 특파원을 지낸 중견 기자로 당시 〈동아일보〉 편집부국장이던 고승철 기자의 칼럼이었으니, 일단 신뢰하지 않을 수 없는 글이었습니다. 그 뒤 고승철 기자에게 어떻게 그런 기사가 나왔느냐고 물었더니 잊어먹어 알 길이 없다는 답변만 받았습니다. 신문의 칼럼을 믿고 그대로 옮겨 썼던 저의 불찰이 매우 큽니다. 어떻게 알아보거나 확인해보아도, 호치민과 《목민심서》의 관계는 지금도 확인할 길이 없습니다. 박헌영과 호치민 관계로도 이야기되고 있는데, 현재 저의 능력으로는 사실 여부를 확인하여 설명할 길이 없다는 것만 밝혀드립니다. 앞으로 더 확인해서 확답을 드릴 기회를 갖겠습니다.*

이 글에는 '《목민심서》와 호치민'이라는 제목이 붙어 있고, '애독

---

* 박석무, '목민심서와 호치민', 다산연구소 홈페이지 《다산글방》 〈풀어쓰는 다산 이야기〉 2019년 11월 25일(글 번호 1089)

마현마을 생가 뒤쪽 언덕에 있는 정약용 무덤. 생전이 그 자신이 봐뒀던 자리다. 을축년 때는 이 무덤까지 물이 들어찼다.

했고, 제사도 지냈다'는 글도 현재까지 그대로 올라와 있다. 비겁하다. 이렇게 이름만으로도 알 수 있는 전문가들이 호찌민과 정약용의 인연을 거듭 언급하니, 대중은 그 주장을 사실로 믿고 지금까지도 괴담에 자랑스러워한다.

괴담에 '농락당한' 대표적인 케이스가 경기도 남양주시와 대한민국 대통령이다. 정약용이 태어난 남양주시는 2005년 11월 15일 베트남 빈시市와 자매결연을 맺었다. 빈시는 호찌민 고향이다. 2017년 3월 남양주시는 빈시에 10억 원을 들여 도로를 개통했다. 도로 이름은 '남양주다산로'다. 그리고 8개월 뒤 대한민국 대통령이 "당신네

국부가 우리 학자 책을 애독했다"고 역설했다. 이 헛된 국민 자긍심과 지자체의 헛된 교류욕과 대통령의 헛된 외교 언사는 누가 책임질 것인가. 역사는 누가 책임질 것인가. 그런 의미에서 남양주시와 대통령은 농락당한 피해자가 아니라 괴담에 편승한 가해자다.

거짓말과 신뢰

2022년 1월 10일 박석무는 다산연구소 홈페이지 〈풀어쓰는 다산 이야기〉 코너에 '거짓말 천국에서 벗어나려면'이라는 제목으로 아래와 같은 글을 올렸다.

세상에서 가장 나쁜 일은 남을 속이는 일입니다. 그래서 다산은 말합니다. "하늘 땅 사이에 살아가는 사람이라면 가장 귀하게 여길 것은 성실[誠·성]함이니 조금이라도 속임이 없어야 한다. 하늘을 속이는 것이 가장 나쁘고, 임금과 어버이를 속이는 것부터 농부가 농부를 속이고, 상인이 상인을 속이는 데에 이르기까지 모두 죄악에 빠지는 것이다"라고 말하여 성실함으로 남을 믿게 하려면 속이는 일부터 멈추라고 했습니다. 다산은 또 말합니다. "거듭 말하거니와 말을 삼가지 않으면 안 된다. 전체가 모두 완전하더라도 구멍 하나만 새면 이는 바로 깨진 옹기그릇일 뿐이요, 백마디 말이 모두 믿을 만하더라도 한 마디의 거짓이 있다면, 이건바로 도깨비장난에 지나지 않을 것이니, 너희들은 아주 조심해야

한다"라고 말하여 아무리 옳고 진실된 말을 하다가도 한 마디의
거짓말이 나오면 백 마디가 신뢰를 잃고 모든 말이 도깨비장난에
이르고 만다고 하니, 말의 조심이 얼마나 중요한가를 말해주고
있습니다.

우리 모두가 귀 기울여야 할 글이 아닌가.

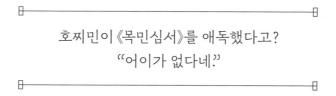

호찌민이 《목민심서》를 애독했다고?
"어이가 없다네."

10장

추사 김정희가
명필 이광사 현판을
떼버리라 했다고?

❋

지식인의 오만과 무책임이 생산한
가짜뉴스

1840년 김정희가 역모에 연루돼 제주도로 유배를 갈 때 전주, 남원을 거쳐 완도로 가던 길에 해남 대흥사에 들러 초의선사를 만났다. 기개가 살아 있어, 대흥사 현판 글씨들을 비판했다. "조선의 글씨를 다 망쳐놓은 것이 원교 이광사인데 어떻게 안다는 사람이 그가 쓴 대웅보전 현판을 버젓이 걸어놓을 수 있는가." 추사는 있는 대로 호통을 치며 신경질을 부렸다. 초의는 그 극성에 못 이겨 원교 현판을 떼어내고 추사의 글씨를 달았다고 한다. 1848년 12월 63세 노령으로 귀양지에서 풀려나게 되었다. 서울로 올라가는 길에 다시 대흥사에 들른 추사는 초의를 만나 이렇게 말했다고 한다. "옛날 내가 떼어내라고 했던 원교의 대웅보전 현판이 지금 어디 있나? 다시 달아주게. 그때는 내가 잘못 보았어."(유홍준, 《나의 문화유산답사기: 산사순례》, 창비, 2018, pp.128, 129)

처음부터 끝까지 모두 가짜뉴스. '전설도 사람들이 믿으면 진실이 된다'는 파시스트적 선동과 왜곡.

유명한 사람 특히 21세기 일반 대중에게 존경을 받는 옛 인물에게는 많은 에피소드가 따라다닌다. 고매한 인품과 성정性情을 드러내는 그런 에피소드들이다. 그런데 진실과 사실은 절대 극적이지 않다. 서문에서 밝혔듯, 진실은 언제나 순박하고 느슨해서 꼼꼼히 들여다봐야 비로소 보인다. 대신 가짜뉴스와 전설과 괴담은 너무나도 극적이고 정교해서 '믿지 않으면 안 될 정도로' 사람들을 현혹한다. 이 장은 그 가짜뉴스의 마수에 걸려든 대표적인 희생자(?) 추사 김정희 이야기다. 이야기는 봉원사에서 시작한다.

서울 서대문 안산 기슭에는 봉원사가 있다. 원래는 지금 연세대 자리에 있었다. 그런데 1752년 영조가 그 자리에 사도세자 아들인 손자 의소세손 묘를 쓰면서 지금 안산 기슭으로 이건됐다. 그래서 이후 사람들은 봉원사를 '새절'이라고 불렀다. 1884년 갑신정변 주역 서재필도 "새절에서 개화승 이동인을 만났다"라고 했고[125] 1970년대까지 주민들도 '새절로 소풍간다'고 했다.

이 절에는 크고 작은 권세의 흔적이 남아 있다. 조선 개국 공신 정도전은 이 절 명부전冥府殿 현판을, 조선 망국 대신 이완용은 명부전 주련柱聯 글씨를 남겼다. 원로 사학자 신복룡에 따르면 명부전 현판 원본과 이완용 주련 원본은 봉원사 수장고에 보관돼 있고 지금 달려 있는 글씨들은 모사본이거나 다른 사람 글씨라고 한다.

흥선대원군도 이 절을 즐겨 찾았는데, 나라가 식민지가 되고 해방이 된 뒤 아현동에 있던 대원군 옛 별장 아소당我笑堂을 이곳으로 이건해 대방大房을 만들었다. 대방에는 흥선대원군 스승 추사 김정

서울 봉원사 대방에 걸려 있는 추사 김정희 편액.

봉원사 대웅전 편액. 김정희의 선배 명필인 원교 이광사 글씨다.

희 흔석이 남아 있다. 김정희 현판 두 개, 김정희 스승인 청나라 학자 옹방강 현판이 하나 걸려 있다. 추사 현판 가운데 행서로 쓴 '珊瑚碧樹(산호벽수)'가 있다. '산호벽수'는 '산호가지와 벽수가지처럼 서로 잘 어울려 융성하라'는 뜻이다. 그런데 봉원사는 이를 '珊瑚碧樓(산호벽루)'라 소개하고 많은 이 또한 그렇게 잘못 알고 있다.

그리고 제일 큰 법당인 대웅전에 걸린 '大雄殿(대웅전)' 현판 필자는 원교 이광사圓嶠 李匡師(1705~1777)다. 이광사는 추사가 졸필拙筆이라고 맹비판한 추사 선대先代 명필이다. 이제 이 이광사와 김정희에 얽힌, 사실로 굳어버린 전설 혹은 괴담을 알아보기로 한다.

해남 대흥사, 원교 그리고 추사

김정희가 역모에 연루돼 제주도로 유배를 떠난 1840년 이야기다. 이 이야기는 앞 장에 주인공으로 등장했던 유홍준의 《나의 문화유산답사기》(창비, 1993, pp.88~89)에 실려 있다.

전주, 남원을 거쳐 완도로 가던 길에 해남 대흥사에 들러 친구인 초의선사를 만났다. 기개가 살아 있어, 대흥사 현판 글씨들을 비판했다. "조선의 글씨를 다 망쳐놓은 것이 원교 이광사인데 어떻게 안다는 사람이 그가 쓴 대웅보전 현판을 버젓이 걸어놓을 수 있는가." 추사는 있는 대로 호통을 치며 신경질을 부렸다.

초의는 그 극성에 못 이겨 원교 현판을 떼어내고 추사의 글씨를 달았다고 한다. 1848년 12월 63세 노령으로 귀양지에서 풀려나게 되었다. 서울로 올라가는 길에 다시 대흥사에 들른 추사는 초의를 만나 이렇게 말했다고 한다. "옛날 내가 떼어내라고 했던 원교의 대웅보전 현판이 지금 어디 있나? 다시 달아주게. 그때는 내가 잘못 보았어."[126]

위 내용은 같은 저자의 《완당 평전》 1권(학고재, 2002, pp.337~338), 2권(pp.517~518)에 동일하게 실려 있다. 유홍준이 썼다가 사실관계 오류가 많아서 몰판된 《완당 평전》, 그리고 이후 유홍준이 새로 낸 김정희 평전 《추사 김정희》(창비, 2018, p.242, pp.355~356)에도 마찬가지다. 그리고 유홍준은 이렇게 평했다.

추사 인생의 반전은 그렇게 이루어졌다. 법도를 넘어선 개성의 가치가 무엇인지를 그는 외로운 귀양살이 9년에 체득한 것이다.[127]

자신만만 오만방자하던 50대 김정희와 그 필체가 귀양살이 후 성숙해져가는 과정을 말하는 대표적인 에피소드다. 신문, 방송 할 것 없이 모든 매체는 이를 자기계발과 성숙을 말하는 소재로 삼아 글을 써왔다. 그런데 결론은 이렇다. '괴담 혹은 아무 근거가 없는 허구虛構'.

전남 해남 대흥사 대웅보전 편액. 원교 이광사 글씨다. 유홍준은 제주도 유배길에 추사 김정희가 이 편액을 떼라고 하고는 유배가 풀린 뒤 '반성하고' 다시 걸라고 했다고 주장했다. 근거 없는 괴담이다.

천하명필 원교 이광사

소론인 이광사는 노론이 편치던 영소 때 몇 가지 역모사건에 연루돼 전남 완도 신지도로 유배 가서 거기에서 죽었다. 영조 31년 '형 (경종)을 죽이고 왕이 된 역적 영조'라는 대자보가 나주 객사에 걸린 '나주괘서사건'이 터졌다. 수사 과정에서 이광사 이름이 튀어나왔다.[128] 그가 체포된 직후 자결을 결심했던 아내 문화 류씨는 엿새 뒤 남편이 처형됐다는 유언비어에 목을 매고 죽었다.[129] 죽지 않은 이광사는 함경도 부령으로 유배당했다. 그때 이광사는 "뛰어난 재주가 있으니 원컨대 목숨은 살려달라"고 청해 사형을 면하고 유배형을 받았다.[130]

그 뛰어난 재주가 글씨였다. 명필이었다. 그래서 부령 유배지에서 '지방인들을 많이 모아 글과 글씨를 가르치자'[131] 이를 위험하게 본 조정에 의해 다시 전남 진도로, 신지도로 떠돌며 유배생활 끝에 죽었다. 신지도 시절에도 팔도에서 사람들이 몰려와 그 글씨를 받아 갔다.

웬만한 남도 큰 절에는 이광사 글씨로 만든 현판들이 걸려 있다. 강진 백련사, 해남 대흥사, 고창 선운사, 구례 천은사가 대표적이고 서울 봉원사도 그 중 하나다. 영조를 역적이라 칭한 역적 글씨가 영조가 왕찰로 삼은 봉원사 대법당에 걸려 있으니 아이러니다. 그 간난고초 속에서도 이광사는 《서결書訣》이라는 서법 책을 남겼고, 그 모든 고초와 비극을 목격한 아들 이긍익은 역사서 《연려실기술》을 기술했다.

후배 천하명필 추사 김정희

추사 김정희는 영조의 서녀 화순옹주의 외가 후손이다. 집안은 노론이다. 청나라에서 신문물을 배운 김정희는 이광사와 전혀 다른 필법으로 새 명필 반열에 올랐다. 이광사는 1777년에 죽었고 김정희는 1786년생이니 본 적은 없다.

그런 그가 이광사 필법에 대해 이렇게 비판한다. '세상이 다 원교의 필명筆名에 온통 미혹[震耀·진요]돼 금과옥조처럼 떠받드니, 참람하고 망령됨을 헤아리지 아니하고 큰 소리로 외쳐 심한 말을 꺼리지 않는다. 원교는 천품이 남보다 뛰어났으나 재주만 있고 배움은 없었다[其天品超異 有其才而無其學·기천품초이 유기재이무기학].'[132] 금석학과 역대 중국 필법을 연구한 추사였다. 조선에 얽매인 원교 글씨가 그에게는 촌스럽게 보였고, 게다가 반反 영조 세력인 소론 이광사를 명필로 칭송하는 세상이 이 명문 노론에게는 어이가 없었을 것이다.

추사의 유배와 곤장 36대

그 추사가 1840년 8월 한 역모에 연루돼 수사를 받았다. 그해 8월 김정희는 의금부에 체포돼 다른 공범 혐의자들과 함께 고문을 받았다. 고문 방식은 신장訊杖, 널찍한 몽둥이로 패면서 캐묻는 심문이었다. 매 때리기가 모질어서 피의자 생명에 치명적인 고문이라, 조선은 개국 초부터 신장은 한 번에 30번을 때리지 못하고 한 번 신장을

때린 뒤에는 사흘 뒤에야 다시 때릴 수 있도록 법으로 정했다.[133]

그래도 심문 도중 물고物故(맞아 죽음)되는 사례가 빈번하자 정조는 「흠휼전칙欽恤典則」을 만들어 몽둥이 규격을 정했다. 고문수사를 할 때 쓰는 몽둥이는 길이 105센티미터(3척 5촌, 1촌=3센티미터 1척=30센티미터 기준)에 손잡이는 길이 45센티미터(1척 5촌), 지름 2.1센티미터(7푼. 1푼=0.3센티미터 기준)이며 매를 때리는 부분은 길이 60센티미터(2척)에 너비는 2.7센티미터(9푼) 두께는 1.2센티미터(4푼)였다.[134] 때리는 방법은 '엄중嚴重하게.'[135]

그 신장을 김정희는 여섯 차례에 걸쳐 모두 서른여섯 대를 맞았다.

1840년 8월 23일 5대, 다음 날 7대, 25일 3대, 29일 5대, 30일 7대 그리고 9월 3일 9대.[136] 오늘내일 상간으로 김정희는 물고될 처지였으나 우의정 조인영의 청원에 목숨을 건지고 제주 유배형을 받았다.[137] 함께 신장을 얻어맞으며 심문 당하던 김양순은 죽었다. 4차례에 걸쳐 신장 61대를 맞다가 죽었다. 물고된 것이다.[138]

그리고 김정희가 의금부 도사와 동행해 멀고먼 유배길을 떠났다. 유배형 가운데 가시나무 울타리 속에 갇히는 위리안치圍籬安置 형이었다.

고문 받은 몸으로 떠난 유배길

선대에 욕이 미치게 하는 것보다 더 추한 것이 없고 그 다음은 몸에 형구刑具가 채워지고 매를 맞아서 곤욕을 받는 것인데, 나는 이

두 가지를 다 겸하였습니다. 40일 동안 몸에 형구가 채워지고 매를 맞는 참독慘毒을 만났으니, 고금 천하에 어찌 혹시라도 이런 일이 있겠습니까.*

제주로 가려면 완도에서 배를 타야 한다. 제주에 도착한 후 김정희가 동생 김명희에게 보낸 편지에 따르면 김정희는 9월 27일 아침 완도에서 배를 타고 석양 무렵에 제주에 도착했다.

유배 죄인을 압송하는 관리들이 작성한 《의금부노정기》(연대 미상)에 따르면 서울에서 제주까지 규정된 압송 기한은 13일이다. 반드시 지켜야 하는 의무사항이다. 1672년 현종 때 유배형을 받은 사간원 헌납 윤경교는 유배지에 7, 8일 늦게 도착한 죄로 처벌을 받았다.[139] 경종 때 유배형을 받은 윤양래는 도착이 이틀 늦었지만 '쉬지 않고 이동했기' 때문에 처벌은 없었다.[140]

그런데 김정희는 9월 4일 유배형을 선고받은 뒤 23일 만에 제주에 도착했다. 선고를 받고 늦게 출발했을 가능성이 크다.

너덜너덜한 몸으로 산사山寺를?

도착 기한이 엄격하게 정해져 있는 유배길, 그것도 만신창이가 된 몸으로 떠난 유배길에서 경로를 이탈해 해남 산중 대흥사를 찾

* 김정희, 《완당전집》 3권, 〈권돈인에게 보내는 편지〉 4

을 수 있겠는가. 설사 갔다고 해도 대웅전 현판 필자를 비판하고 끌어내리며 자기 글을 쓸 여유가 있겠는가. 죄목은 역모逆謀였다. 같이 고문을 당했던 김양순은 매를 맞다가 죽었다. 몸은 만신창이가 되고 역모 혐의를 쓴 마음도 좍좍 찢겨나간 죄인이다. 쉬지 않고 걸어도 지체될 길을 한가하게 친구 만나러 산중으로 들어갈 죄인은 없으리라.

그러니 8년 뒤 유배에서 풀린 김정희가 대흥사에 들러 현판을 다시 걸라고 한 이야기도 있을 수 없는 이야기다. 이렇듯 '극적인' 스토리는 '가짜뉴스'일 확률이 매우 높다.

이 에피소드가 사실이어야 8년 뒤 해배解配된 김정희가 다시 대흥사에 들러 현판을 다시 걸라 하고 반성하는 에피소드 또한 사실이 되고, 그래야 이 모든 과정이 '유배 후 추사의 정신적 성장'을 뒷받침하는 대표적인 에피소드가 될 수 있다. 추사 마니아들에게 불행하게도 이를 뒷받침할 그 어떤 증거도 보이지 않는다.

'원교 글씨에 웃음이 다 난다'

오히려 이광사가 쓴 현판을 김정희가 보지 못했다는 증거가 남아 있다. 1853년 3월 김정희가 북청으로 두 번째 유배를 갔다가 경기도 과천으로 돌아온 뒤 초의에게 편지를 보냈다. 이렇게 적혀 있다.

원교의 대웅전 편액을 다행히 본 적이 있다[大雄扁圓嶠書幸得覽過·

봉원사 연꽃.

대웅편원교서행득람과]. 천박한 후배들이 능히 비평할 바는 아니나 만약 원교가 자처한 바로 논하면 너무도 전해들은 것과는 같지 않다. 조맹부의 덫 안에 추락해 있다는 말을 면치 못하니 나도 모르게 웃음이 난다[不覺峨然一笑·불각아연일소].[141]

제주 해배 후 5년이 지난 뒤에 바로 그 초의선사에게 보낸 편지다. 5년이 지났는데 마치 최근 일인 양 이광사 편액을 본 적이 있다고 친구에게 알린다. 게다가 그 대웅전 현판을 떼라고 했다는 언급도 없다. 무슨 말인가. 뒷날 탁본이 됐든 무엇이 됐든 어떤 수단을 통해 그 편액을 봤을 뿐, 제주도 유배길에는 본 적이 없고 따라서 떼라 마라 하는 일도 없었다는 말이다. 게다가 그 에피소드를 들먹이며 추사가 깨우쳤다는 '정신적 성숙함'은 찾아 볼 수가 없다. '나도 모르게 웃음이 난다'니, 이는 자신감이거나 오만이다.

문제는 이런 전설(혹은 창작)을 마치 진실과 사실인 양 대중에게 전파하고 있는 속칭 전문가들의 오만이다. 2018년 출판된《추사 김정희》(유홍준)는 '현판을 다시 붙이라'고 했다는 에피소드를 '두 번째 전설은'이라며 전설로 전하고 있지만 이 책보다 뒤에 나온《나의 문화유산답사기: 산사순례》(2018)에는 '전설'이라는 언급이 없다. 2002년에 나온《완당 평전》(2002)에는 '이 전설은 고증하지 않기로 한다'고 적혀 있다. 고증하지 않겠다니! 이 무슨!

그래서 전설 혹은 괴담이 아름다운 교훈을 담은 사실로 굳어버린 것이다.

이 '사실'을 대중에 처음 소개한 유홍준은 필자와 전화통화에서 이렇게 말했다.

"모든 사람이 전설을 인정하게 되면 전설이 사실이 되는 거다. 굳이 '전설에 따르면'이라고 할 이유가 없다." 대꾸할 가치가 없다.

추사 김정희가 대흥사에서
이광사 현판을 떼라 마라 했다고?
소설 쓰느라 애썼습니다.

11장

선조가 류성룡의 반대로
명나라 망명을 단념했다고?

류성룡도 말리지 못한
선조의 도주 행각

괴담

1592년(선조 25년) 4월에 발발한 임진왜란으로 조정은 혼란에 빠졌다. 선조를 비롯한 조정은 빠른 속도로 북진하는 일본군을 피하여 피난을 떠났는데, 심지어 요동으로 피하자는 건의가 나올 정도였다. 이 때 유성룡은 한 번 중국으로 발을 들이면 조선은 더 이상 우리의 땅이 아니라며 그 논의를 기각시켰다.(국사편찬위원회,《우리역사넷》〈한국사연대기〉'유성룡 임진왜란을 극복하다')

진실

가짜뉴스. 류성룡이 명나라로 망명하겠다는 선조 고집에 반기를 들었지만 선조 고집을 꺾지 못했다. 결국 선조는 명나라로부터 망명을 '거부당했다'.

"명나라로 내부內附하는 섯이 본래 나의 뜻이다." 임진왜란이 터지고 한 달이 채 못돼 함락 위기에 빠진 한성을 탈출한 선조가 던진 말이다. '내부'는 '한 나라가 다른 나라에 들어가 붙는다'는 뜻이다. 즉, 망명이다.[142] 항전 한 번 제대로 독려하지 않은 왕이 압록강 건너 중국으로 도주하겠다는 말에 당시 좌의정 류성룡이 이렇게 말했다.

"왕이 우리 땅 밖으로 한 걸음만 떠나면 조선은 우리 땅이 되지 않습니다[大駕 離東土一步 則朝鮮非我有也·대가 이동토일보 즉조선비아유야]."[143]

많은 사람들은 류성룡이 보인 이 단호한 결기가 선조 마음을 바꿨고 그리하여 선조가 조선에 남아 전쟁을 치렀다고 알고 있다. 일반 대중은 물론 류성룡을 연구하는 학자들도 그렇게 말한다. 류성룡이라는 명재상이 비상시국에 국정을 지혜롭게 운영한 대표적인 사례로 꼽는다.

그런데 당시 기록을 보면 엉뚱하다. **요동 망명에 관해 선조는 류성룡을 비롯해 그 누구 말도 받아들인 적이 없었다. 선조는 끝까지 망명을 고집했다.** 류성룡 본인도 자기가 선조 의지를 꺾었다고 주장한 적이 없었다. 나아가 끝까지 압록강을 건너겠다는 선조 말에 류성룡은 **아예 선조를 요동으로 보내버리고 왕위를 광해군에게 돌릴 계획까지 세웠다. 그러다 명나라 황실로부터 실질적인 망명 거부 통보**를 받고서야 선조는 조선 탈출을 포기한 것이다. 우리가 몰랐던, 조금 더 비겁했던 지도자 선조 이야기.

도주를 결정하기까지

14대 조선국왕 선조는 인복이 많았다. 이황과 이이, 류성룡, 이원익, 이항복, 이덕형, 이산해, 정철, 윤두수, 이순신, 권율, 정탁 같은 쟁쟁한 문무 관료들이 선조를 보좌했다.

그런데 인덕은 부족했다. 1592년 임진왜란이 터지자 중국으로 망명하겠다며 우중雨中, 야중夜中 수도 한성을 탈출한 지도자가 선조였고, 한성 백성은 경복궁을 불태워 분노를 폭발시켰다.[144]

시작은 일본군이 동래에 상륙하고 8일이 지난 4월 21일이었다. 문경에 도착한 경상 순변사 이일이 조정에 급전을 날렸다. 열여덟 자였다. '今日之賊有似神兵 無人敢當 臣則有死而已(금일지적유사 신병 무인감당 신즉유사이이)'. '오늘 적은 신이 내린 병사 같아서 감당해낼 자가 없나이다. 신은 오직 죽을 따름입니다.'[145]

조선 정부는 전율했다. 선조는 즉시 여행용 미투리(짚신)를 구해놓고 말들을 대기시키라 명했다. 다음 날 선조는 함경도에서 용맹을 떨친 무관 신립을 충주로 내려 보냈다. 신립은 전략요충지인 문경새재를 비워놓고 고개 너머 달천평야에 진을 쳤다가 고니시 유키나가 부대에게 달천평야에서 부대는 궤멸되고 본인은 투신자결했다.

한성을 버리던 날

선조는 이미 궁궐에 들어와 있던 광해군은 물론 궐 밖에 살던 식

문경새재 2관문 '조곡관鳥谷關'. 1592년 4월 26일 임진왜란 개전 보름이 못돼 새재를 무혈통과한 고니시 유키나가 부대가 한성에 임박하자 사흘 뒤 선조는 의주로 도주했다. "'명나라로 가겠다'는 선조를 류성룡을 비롯한 관료들이 단념시켰다'는 통설과 달리 선조는 "여진족 지역 폐기된 관아 건물에 수용하겠다"는 명 정부의 실질적인 망명 거부 통보에 망명을 포기했다. 조곡관은 2년 뒤인 1594년 류성룡 건의에 의해 충주사람 신충원에 의해 건축됐다. 원래 이름은 조동문鳥東門이었는데 1975년 중건하면서 조곡관으로 개칭했다.

구들을 모두 불러들였다. 경복궁에는 선조와 그 비와 후궁 5명, 아들 7명, 딸 2명, 며느리 5명, 사위 1명 이렇게 22명과 두 형이 집합해 있었다.[146]

4월 27일 "죽을 따름"이라고 했던 이일이 상주전투에서 대패했다. 이일은 '말을 버리고 옷을 벗어던지고 머리를 풀어헤치고 알몸으로 달아나' 조정에 패전 보고서를 올렸다.[147]

자, 이날 드디어 선조가 중국으로 도망가겠다는 계획을 처음 입 밖으로 꺼낸다.

신립 패전 소식도 함께 전해진 그날 요동 망명이 처음으로 어전 회의 안건으로 상정됐다. 상정한 사람은 선조 본인이었다. "계속 기세를 몰아온다면 나는 요동으로 건너가 천자天子에게 간절히 요청하려 한다. 상국이 어찌 애처롭게 여겨 주지 않겠는가."[148] 류성룡이 말했다. "한번 다른 나라로 건너가면 곧 기공寄公(나라 잃은 임금)이 됩니다." 이 대화가 류성룡의 망명 반대론에 대한 첫 번째 근거다.

그런데 선조가 원하던 말은 영의정 이산해에게서 나왔다. "천문天文을 보니 천자가 반드시 허락해 줄 것입니다." 즉시 선조가 말을 이었다. "중국은 땅이 넓다. 왜군이 요동에 난입하면 버티지 못하겠지만 북경이 있고, 북경이 버티지 못해도 남경으로 옮겨가 피할 것이다. 요동으로 건너간 뒤에는 왜적이 중국을 침범하더라도 차차 피할 수 있을 것이다." 일본군 최종 목표가 중국이고, 자기는 북경에서 명 황실과 지낸 뒤 대륙을 종단해 남경에서 안전하게 지내겠다는 뜻이었다. 선조는 망명계획을 구체화했을 뿐, 류성룡에 의해 고집이 꺾인 선조 모습은 보이지 않는다.

다음 날 선조는 "비상시국이니 세자를 미리 책봉하시라"는 신하들 주장을 따라 둘째 아들 광해군을 세자로 책봉했다. 이틀이 지난 4월 30일 새벽 선조를 태운 가마가 빗속을 뚫고 모래재를 넘었다. 류성룡이 모래재에서 뒤를 보니 한성이 불타고 있었다. 흙탕을 뚫

선조가 야반도주한 임진강 임진나루 주변. 선조는 사진 왼쪽 강 건너편 임진나루를 건너 동파관에 닿은 뒤 "명나라로 가겠다"고 재차 선언했다.

고 도착한 임진나루는 칠흑처럼 어두웠다. 일행은 나루를 관리하는 승청丞廳을 불태워 앞을 밝혀 강 건너 동파관에 도착했다(따라서 '임진왜란 피란길을 예측하고 율곡 이이가 미리 기름을 먹여둔 임진강변 정자 화석정을 불태워 길을 밝혔다'는 말은 근거 없는 괴담이다).[149]

5월 1일 꺾이지 않은 고집, 망명

5월 1일 동파관을 출발하기 전 선조가 이산해와 류성룡을 불렀다. "내가 어디로 가야 하겠는가." 류성룡이 말했다. '요동으로 가면 나라 잃은 임금이 된다'는 나흘 전 중국 고사를 인용한 발언보다 더 강경했다.

"왕이 우리 땅 밖으로 한 걸음만 떠나면 조선은 우리 땅이 되지 않습니다[大駕 離東土一步 則朝鮮非我有也·대가 이동토일보 즉조선비아유야]."

선조가 뜸도 들이지 않고 말했다. "내부內附하는 것이 본래 나의 뜻이다." 류성룡이 거듭 안된다고 했다. 이산해는 아무 말도 하지 못했다. "의주로 간 뒤 위급하면 요동으로 가자"고 했던 도승지 이항복은 좌의정 류성룡으로부터 심한 질책을 받았다.[150] 이 동파관 대화가 류성룡이 선조 망명 고집을 꺾었다는 핵심적인 대화다. 하지만 여기에서도 선조가 망명 주장을 철회했다는 기록은 보이지 않는다.

탈출하는 난파선 사람들

동파관을 떠난 일행이 개성으로 향했다. 왕실 사람들은 동파관과 판문에서 끼니를 때웠지만 나머지 사람들은 이틀째 굶었다. 황해도 장단에 이르러 비로소 서흥에서 온 호위병 봇짐에서 현미 두어 말을 찾아 백관이 배를 채웠다. 경기도에서 따라왔던 병졸과 하급 관리들은 달아나고 없었다. 개성에 도착해 모두가 잠이 들었는데, 호위병 가운데 가위에 눌려 헛소리를 지르는 자도 있었고 치고받고 싸우는 소리도 크게 들렸다. 궁녀 가운데에는 목을 칼로 찔러 자살하려는 이도 나왔다.[151] 그 사이 한성을 점령한 일본군은 백성이 불태우지 않은 종묘를 마저 불태웠다. 일본군에 붙어 길잡이 노릇을 하는 무뢰배가 매우 많았다.[152]

'평양 사수' 선언, 그리고 도주

5월 7일 피란을 거듭하던 선조 일행이 평양에 도착했다. 개전 직전 명 황제 생일을 맞아 성절사聖節使로 유몽정이 선정됐는데, 선조는 평양에서 유몽정에게 이리 명했다. "북경에 도착하면 먼저 내가 망명하겠다는 뜻을 전하라."[153]

망명 의지는 여전히 유효했던 것이다. 판단이 서지 않은 유몽정은 "일단 전황부터 황실에 보고하겠다"고 답하고 북경으로 떠났다.

6월 2일 선조가 평양성 문에 나아가 "죽음으로 나라를 지키겠다"고 선언했다.[154] 8일 일본군이 황해도를 휩쓸고 대동강 변에 도착해 군영을 설치했다. 10일 왕비가 함흥으로 가기 위해 채비를 하는 모습이 목격됐다. 죽음으로 지키겠다던 지도자로부터 배신당한 평양 주민들이 난을 일으켰다. 호조판서 홍여순도 구타당했다. 칼과 창을 든 주민들이 거리마다 고함을 질러댔다.[155] 다음 날 선조는 평양을 버리고 평안북도 영변寧邊으로 떠났다.

6월 13일 요동 망명 최종 결정

6월 13일 영변에서 선조가 회의를 소집했다. 이날 회의에서 한 나라 국왕이라는 사람은 보여줄 수 있는 비겁함과 이기심의 극치를 다 보여줬다.

선조가 말했다. "일찌감치 요동으로 가지 않아서 이 지경이 되었다.”

대신들이 “요동은 인심이 몹시 험하다”며 우회적으로 만류했다.

선조가 이리 말했다. “그렇다면 갈 곳을 말하라. 천자의 나라에서 죽는 것은 괜찮지만 왜놈 손에 죽을 수는 없다[予死於天子之國可也 不可死於賊手·여사어천자지국가야 불가사어적수].”[156]

그래도 반대의견이 다수였다. 선조가 또 다른 계획을 내놓았다.

“그렇다면 세자를 여기 놔두고 나만 가면 되지 않겠는가.”

광해군에게 국내 문제를 맡기고 자기는 망명하겠다는 의지였다. 그리고 이렇게 거듭 말했다.

“왜적 손에 죽느니 **어버이 나라**에 가서 죽겠노라[與其死於賊手 無寧死於父母之國·여기사어적수 무녕사어부모지국].”

대신 최흥원이 “안 받아줄 수 있다”고 의견을 냈다.

그러자 선조가 이리 답했다. “받아주지 않더라도 기필코 압록강을 건널 것이다[雖然予必渡鴨綠江矣·수연여필도압록강의].”

당혹스러워하는 신하들에게 선조는 “안남이 멸망하고 중국에 입조해 나라를 살렸듯 나 또한 나라를 살리려고 압록강을 건너는 것”이라고 해명했다. 하지만 아무도 들으려 하지 않았다. 그날 밤 선조를 밀착하며 호종하던 사관史官 조존세, 김선여, 임취정, 박정현이 사초史草를 불태우고 달아나버렸다.[157]

선조는 다음 날 세자 광해군에게 병력 모집과 민심 위무를 위한 분조分朝를 명하고 망명과 원병을 청하는 자문을 명나라에 보냈다. 나라는 세자가 맡고 본인은 기어이 요동행을 택한 것이다. 선조는 그 길로 의주를 향해 떠났다.[158]

6월 18일 류성룡의 선택, 권력 이양

　망명을 결사반대했던 류성룡은 요동행을 막을 수 없다고 판단했다. 그래서 류성룡은 더 과격한 계획을 세웠다. 선조로부터 세자에게 왕권을 양보 받으려 한 것이다.

　의주 가는 길목 선천에서 명나라 회답을 기다리는 동안 남인인 류성룡과 서인인 정철이 왕위 조기 선양을 건의하기 위해 선조에게 알현을 청했다. 하지만 두 사람은 "국사가 이 지경에 이른 것은 모두가 신臣들의 죄"라고 아뢰고는 별 이슈 없이 물러났다.

　그런데 실록 사관은 이렇게 기록했다. '당초에 철과 성룡이 서로 의논하기를 '지금 상황은 오직 요동으로 건너감이 있을 뿐이다. 그러나 세자가 종묘사직의 책임을 부여받았으면서 단지 관리만 하라는 명령만을 받았으니, 만일 왕이 요동으로 건너간 뒤에 소식이 통하지 않는다면 그동안 벌어진 일들로 미뤄볼 때 후임 왕을 일찍 정해야 한다. 우리가 양사兩司와 더불어 입계하자'고 하였다. 하지만 정작 왕을 만난 뒤에는 한마디 말도 꺼내지 않고 물러났으니 국사가 이 지경에 이른 것이 당연하다.'[159]

　선조는 고집대로 요동으로 보내버리고 광해군에게 모든 권력을 이양하도록 해 전쟁을 지휘하게 할 계획이었다. 그런데 정작 선조를 만나서는 한 마디도 꺼내지 못했다. 하기야 그때는 물론 지금도 아무리 간이 크고 결기 가득한 사람이라도 현직 권력자에게 꺼내기 힘든 말이 아닌가. 결국 류성룡이 거듭해 망명 불가를 외쳤지만 선조는 눈 하나 깜빡대지 않았다는 최종적 기록이다.

6월 26일 거부된 망명

6월 26일 명나라에서 첩보가 들어왔다. 다음은 실록 기록이다.

> 명나라에서 우리나라가 내부內附를 청한 자문을 본 뒤 우리나라
> 를 관전보寬奠堡에 있는 빈 관아에 거처시키려고 한다는 소식을
> 듣고는 상이 드디어 의주에 오래 머물 계획을 하였다.[160]

〈걸내부乞內附('망명을 구걸한다', 김시덕 번역에 따르면 '속국이 되기를
구걸한다')〉라는 제목으로 '몸 둘 곳 없어 식구 몇을 데리고 갈 수 있
게 해 달라'고 애걸한 망명 요청[161]에, 버려진 관공서 그것도 압록강
건너 100리 북쪽 여진족 땅에 폐기된 건물에 수용하겠다고 명나라
황실이 결정했다는 첩보였다.

실질적인 거부였다. 오지 말라는 말이었다. '북경이 무너지면 남
경까지 가서' 안락한 망명생활을 즐기겠다던 선조는 망명을 단념할
수밖에 없었다. 겉으로는 '선조 스스로 의주에 오래 머물 계획을 세
웠다'고 하지만 실질은 거부당한 것이다. 그 상황을 류성룡 본인은
이렇게 기록했다.

> 이때 이르러 우리나라에서는 사신을 요동에 잇달아 보내 위급함
> 을 알리고 원병을 청하거나 또는 중국의 속국이 될 것[乞內附·걸
> 내부]을 청하였다.[162]

7월 11일 명 황실이 보낸 공식 답신이 도착했다. 답신은 황실이 직접 보내지 않고 요동을 관할하는 요동도사를 통해 조선 정부에 전달됐다. 과연 첩보대로였다.

'원하면 관전보에 수용. 하지만 100명은 넘지 말 것. 구원병은 보내주겠음.' 그 첫 머리에 이렇게 적혀 있었다. '동방의 대국이 어찌하여 왜가 한번 쳐들어오자 멀리서 보기만 하고는 달아났는가. 놀랍고 이상스럽다.'[163]

만인에게 공개돼 있는 《실록》과 《징비록》과 각종 문헌에 이런 내용이 촘촘하게 기록돼 있다. 그런데 왜 '류성룡이 선조 고집을 좌절시켰다'라는 신화가 진실처럼 우리들 뇌 속을 돌아다니고 있는지 알 수 없다. 신하들 말에 귀를 기울여 도망가겠다는 고집을 꺾었다고 선조를 변호하기 위해서? 명재상 류성룡을 더욱 선양하기 위해서? 아니면 기록 검토가 부실해서? 그 무엇이 됐건 괴담怪談은 사실事實을 덮을 수 없다.

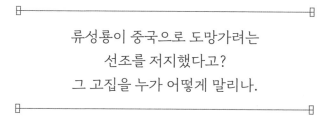

류성룡이 중국으로 도망가려는
선조를 저지했다고?
그 고집을 누가 어떻게 말리나.

12장

정조가 조선 학문 부흥을
이끈 왕이었다고?

❀

지식독재의 정점,
정조

괴담

정조는 탁월한 학문적 능력을 바탕으로 임금이자 스승임을 자부하며 실학파와 북학파 등 제학파의 장점을 수용하여 문화정치를 완성해갔으며, 문물제도의 정비사업 완결, 사고전서 수입과 각종 서적 편찬, 친위군인 장용영 설치, 신도시 수원 화성 건설 등 많은 업적을 남겼다. 강한 왕권으로 왕도정치의 모범을 보이며 조선 후기 문화부흥을 이루었다.(《한국민족문화대백과사전》)

진실

거짓말이다. 정조는 성리학性理學 이외 모든 학문을 이단이라고 규정하고 탄압했다.

국왕 정조가 배운 청나라 '질서'

18세기 후반은 세계가 격동하는 변혁기였다. 중국은 건륭제라는 걸출한 지도자가 청나라 전성기를 이끌고 있었다. 극동 일본은 네덜란드, 포르투갈과 교류하며 서구 문물을 받아들이고 있었다. 대륙을 통해 조선에도 유럽 지식과 정보가 유입됐다. 그 가운데 근대 과학이 있었고 조선인이 서학西學이라고 부르는 유럽 종교 기독교가 있었다. 정조 시대는 그 변화가 가장 필요했던 시대였고 변화를 위한 외부 학문이 진입 준비를 완료한 시대였다. 지구상 모든 변화는 새로운 정보와 사상에서 나온다. 청나라 혹은 일본을 통해 이 신지식만 유입되면 조선은 새로운 차원으로 도약이 가능했다.

그런데 그 청나라에서 들어온 신문물 가운데 정조가 가장 먼저 관심을 보인 분야는 변혁과 거리가 멀었다.

정조가 즉위하고 1년 뒤 창덕궁 인정전 앞뜰에 품계석이 설치됐다. 그때까지 조선 궁궐에는 품계석이 존재하지 않았다. 정조가 말했다. "인정전 앞뜰에 서열이 문란하니 돌을 세우고 이에 맞춰 줄을 서라."[164] 품계석 설치 아이디어는 바로 청나라에서 나왔다. 정조가 이리 덧붙였다. "내가 중국의 예에 따라[予欲依中原例·여욕의중원예] 돌을 세워 표시하려고 한다." 세자 시절부터 연행사들로부터 보고받은 내용 가운데 '질서를 잡는' 표석이 청으로부터 그가 배우려 한 첫 번째 문화였다.

9년이 지났다. 1786년 정월 어느 날 정조가 바로 그 창덕궁 인정

창덕궁 인정전 앞에 있는 품계석. 원래 조선 궁궐에는 없었던 품계석은 1777년 청나라에 다녀온 사신들 보고를 받고 정조의 명으로 처음 세워졌다.

문에서 문무 관리들로부터 신년 국정개혁안을 보고받았다. 지위고하를 막론하고 보고서를 제출한 사람은 324명이었고 제출된 안건은 500건이 넘었다. 목축과 세금에서 무역과 학문에 이르기까지 숱한 개혁안이 쏟아졌다. 「병오소회丙午所懷」라 이름 붙은 개혁안은 훗날 《병오소회등록丙午所懷謄錄》이라는 책으로 편찬됐다. 그날 학문에 관해서 정조가 이렇게 결론을 내렸다. **"앞으로 중국으로부터 요망한 서양 서적 수입을 금하고 중국인과 학문 교류 또한 금한다."** 병오년 1월 22일, 조선 땅에서 학문의 자유가 공식적으로 사라진 날이다.

변혁을 향한 마지막 비상구

1786년 1월 17일 재위 10년째를 맞은 국왕 정조가 문무백관으로부터 변화를 위한 보고서 제출을 명했다. 그리고 닷새 뒤 보고회가 열렸다. 보고는 구두와 서면 두 방식으로 진행됐다. 추운 겨울날 아침, 그 지도자가 새 시대를 위한 개혁안을 보고받고 하나하나 일일이 품평을 하며 채택 여부를 결정했다.

회의는 신중하고 격렬했다. '이 큰 아침 조회에 승지들 일 처리가 엉망'(사간원 정언 이우진)이라는 사소한 고자질부터 '호적을 재정비하자'(형조판서 조시준)는 제안까지 다양했다.

정조는 "토지 측량을 똑바로 해야 한다"는 호조좌랑 이의일의 서면보고에는 "진부한 몇 마디 말로 때우려 하지 말라"고 타박을 하는가 하면 "군정을 잘 닦자"는 부호군 이명운 보고서에는 "어쩌면 이렇게도 진부한가"하고 놀라기도 했다. 하도 타박이 잦자 부사직 윤승렬이 "진부한 말 중에 묘한 이치가 있는 법"이라며 잘 들어보시라고 권유할 정도였다.[165]

하지만 마음에 맞는 개혁안이 나오면 정조는 그 즉시 채택해 정책화를 약속했다. 정조는 스스로 군주이자 스승君師군사요 훗날 '만천명월주인옹萬川明月主人翁(만 갈래 강을 비추는 달의 주인 되는 늙은이)'이라 자부한 지도자였다.

정조 본인과 아버지 사도세자, 아들 순조가 태어난 창경궁 위로 낮달이 떠 있다. 정조는 스스로를 '만천명월주인옹萬川明月主人翁'이라고 불렀다. '만 갈래 강을 비추는 달의 주인 되는 늙은 이'라는 뜻이다. 본인은 '치우침 없이 밝힘으로써 스스로도 밝다'고 자평했지만 정조 시대는 일관되게 성리학 이외 학문을 배격한 학문의 암흑기였다. 1786년 '병오소회'는 그 암흑기 시작을 알리는 신호였다.

불발된 박제가 보고서 – 교류와 개방

북학파 관료 박제가 또한 보고서를 올렸다. 박제가는 8년 전인 1778년, 북경 여행을 통해 근대 문물에 눈을 뜬 실용주의 학자였다. 내용은 이러했다.

"지금 나라의 큰 폐단은 가난이다. 다른 나라는 사치로 인하여 망한다지만 우리나라는 반드시 검소함으로 인하여 쇠퇴할 것이다. 비단옷을 입지 않아 비단 짜는 기계가 없으니 여인들은 일이 끊겼다. 물이 새는 배를 타고 목욕시키지 않은 말을 타고 찌그러진 그릇에 담긴 밥을 먹고 진흙더미 집에서 지내니 온갖 제조업이 끊겼다. '세상이 나빠져서 백성이 가난하다'고 하는데, 이는 나라가 스스로를 속이는 짓이다."

박제가는 그 대책으로 '중국과 통상을 하고' '서양인을 고용해 기술을 익히고' '사대부에게 장사를 허용하자'고 주장했다. "일본과 티베트, 자바섬과 몽골까지 전쟁이 사라진 지 200년이 됐으니 나라를 잘 정비하면 10년 뒤 조선왕국 거적때기 초가집은 화려한 누각으로 바뀔 것"이라고 예언했다.[166]

통상을 허용하고 상공업을 진흥하라는 제안에 '만천명월주인옹' 정조는 시큰둥했다. "그대의 식견과 뜻을 또한 볼 수 있다"고 했을 뿐이다. 분을 참지 못한 박제가는 그 제안을 그해 자기 책《북학의北學議》에 실었다.

학문 탄압의 신호탄 병오소회

그 명민한 지도자 눈과 귀를 틔워 준 보고가 몇 개 있었는데, 바로 학문에 관한 보고들이었다.

사헌부 수장 대사헌 김이소가 보고했다. "북경에서 사오는 책들은 우리 유가의 글이 아니고 대부분 부정한 서적이다. 이를 금하지 않으면 심술을 어그러뜨리고 세도에 끼치는 해가 끝이 있겠는가. 의주 국경에서 책 수입을 수색하고 적발되면 의주 부윤까지 처벌하시라." 정조는 "매우 좋으니 아뢴 대로 하겠다"며 즉각 의정부에 입법을 지시하고 평안도에 대책회의를 명했다.

사간원 수장 대사간 심풍지가 보고했다. "정월 초하루에 일식日蝕이 발생한 까닭이 무엇이겠는가. 기강이 없고 귀천이 없어서이다. 중국에 간 사신들이 그 나라 사람들과 만나고 편지와 선물을 주고받는다."

서학西學, 즉 천주교가 사회문제가 되던 때였다. 심풍지는 중국에서 들어오는 문물이 기강 문란의 원인이니 이를 금하라는 것이다. 정조가 바로 답을 내렸다. "금지할 뿐만 아니라 새로 처벌 방안을 마련하라."

공무원 감찰과 고발을 맡은 사헌부 수장과 간쟁을 책임지는 사간원 기관장이 강력하게 주장한 '개혁' 조치는 즉각 시행에 들어갔다.

짜고 친 흔적 – 김이소와 심풍지

그런데 애당초 정조는 이 학술 교류 금지책을 염두에 뒀던 듯하다. 이 김이소와 심풍지는 1월 21일 각각 대사헌과 대사간에 임명됐다. 병오소회 보고회 바로 전날이었다. 임명권자는 당연히 정조였다.* 그러니까 조정에서 가장 '말발'이 센 자리에 앉혀놓은 뒤, 자기가 하고 싶었던 말을 그들 입으로 대신 하게 만든 것이다.

두 사람이 제안한 서적 수입 및 인적 교류 금지 조치는 그 자리에서 비변사에 의해 법령으로 공식화됐다. '중국 사람들과 개인적 왕래 금지' '필담 금지' '선물 및 편지 금지' '적발 시 압록강 도강 후 처벌' '요망한 이단 서적 수입 금지 및 적발 시 분서焚書' 그리고 '적발 실패한 의주 부윤은 처벌'. '성리학적 기강을 문란케 하는' 모든 학문 서적이 금지됐다.

이듬해 가을 금지령이 구체화됐다. 범법자는 즉시 조선으로 압송해 장을 치고 상관도 연좌시키고 책은 불태우며 이를 감독하지 못한 서장관은 의주에 유배를 보낸다는 처벌 조항이 삽입됐다.[167]

5년이 지난 1792년, 이번에는 중국 서적 일체에 대해 수입 금지령이 떨어졌다. 정조가 이리 말했다. "질기고 글자도 큰 조선 책을 두고 왜 얇고 글씨 작은 중국책을 보는가. '누워서 보기 편하기 때문' 아닌가. 이게 어찌 성인 말씀에 대한 도리인가."[168] 아예 이단의

---

* 1786년 1월 21일 《정조실록》: '심풍지沈豊之를 사간원 대사간으로, 김이소金履素를 사헌부 대사헌으로, 조시준趙時俊을 형조판서로 삼았다.'

유입 통로를 끊겠다는 뜻이었다. 거기서 끝이 아니었다.

학문의 종언終焉, 문체반정

"요즘 선비들 글은 내용이 빈약하고 기교만 부려 옛사람 체취는
없이 조급하고 경박하여 평온한 세상 문장 같지 않다. 낡은 문체를
완전히 고치고[頓革舊體 · 돈혁구체] 금하라."

'돈혁구체頓革舊體'.

당시 유행하던 천박한 청나라 문체를 완전히 뜯어고치겠다는 선
언이었다. 중종반정, 인조반정에 이어 조선 정신세계를 뒤집어엎겠
다는 '문체반정文體反正'의 서막이었다.

그가 즉위 이듬해 품계석을 설치하며 질서를 강조했던 왕, 정조
다. 스스로 밝은 달이라고 주장한 그 지도자가 등극 10년 만에 병오
소회로 학문 통제를 본격 가동시키더니 이제 지식사회를 자기 달빛
아래 가두겠다고 선언한 것이다. 1792년 10월 19일, 조선왕조에서
학문과 사상의 자유가 확인사살 당한 날이었다.

백탑파의 우정 그리고 날벼락

개혁안이 거부된 박제가는 '백탑파' 학자였다. 백탑파는 연산군이
철거한 서울 원각사지(현 서울 탑골공원) 흰 탑에서 따온 명칭이다.

연암 박지원이 전의감동(서울 종로타워 근처)에 살았는데 박지원과 또 다른 개혁파 학자 홍대용이 이끌던 학자 무리를 백탑파라 불렀다. 백탑 주변에 살던 이덕무, 유득공, 서상수, 이서구 같은 사람들과 남산골에서 이들을 즐겨 찾아갔던 박제가, 홍대용, 백동수가 그 백탑파다. 청나라 여행 경험이 풍부한 이들은 '한번 찾아가면 집에 돌아가는 것을 까마득히 잊고 열흘이고 한 달이고 머물러 지내며'[169] 새 세상을 설계해갔다.

연암 박지원 초상화. / 실학박물관

사탕을 좋아했던 이덕무는 "박제가가 우리 집에서 내 사탕을 훔쳐 먹는다"고 이서구에게 고자질을 하기도 했고[170] 박제가는 친구들에게 개 삶는 법을 가르치며 몸보신을 하라고 독려하기도 했다.[171] 술과 음식을 장만해 밤을 꼬박 새우면 서로 지은 글로 책 한 권이 나올 정도였다.[172]

1792년 겨울날 이 백탑파에게 날벼락이 떨어졌다. 정조가 어전회의에서 이렇게 선언했다.

"문풍文風이 이와 같이 된 것은 따져 보면 모두 박지원의 죄다. 《열하일기熱河日記》(1780)를 내가 익히 보았으니 속일 수 없다. 박지원은 법망에서 빠져나간 거물이다[是漏網之大者·시루망지대자]. 《열하일기》가 세상에 유행한 뒤에 문체가 이와 같이 되었으니 결자해지하라."[173]

우아한 고문古文을 버리고 저급한 청나라 세속 문체에 저급한 내용을 담은 청나라 패관잡기를 퍼뜨린 거물이 박지원이라는 뜻이었다. 박지원만 아니었다. 청나라 선진 문명 도입을 주장하던 백탑파전원에 해당하는 문제였다.

정조는 당시 안의현감 박지원에게 "반성문을 쓰면 홍문관 제학에 제수하겠다"며 문체 전향을 유도했다. 박지원은 "바라서는 안 될 것을 바라는 건 신하된 자의 큰 죄"라며 반성을 거부했다.[174] 대신 1799년 서울 가회동에 살 때 박지원은 〈과농소초〉라는 농업 정책 제안서를 정조에게 헌상했다. 정조는 "경륜을 펼친 좋은 책을 얻었다"라며 그를 칭찬했다.[175] 하지만 열하일기에서 번뜩이던 비수 같은 문제의식과 문체는 무뎌질 수밖에 없었다.

가속화된 학문 탄압

　문체반정 선언 1년 전의 1791년 전라도 진산(현 충남 금산)에 사는 남인 윤지충이 서학을 신봉해 제사를 지내지 않았다는 첩보가 조정에 올라왔다. 하필 그 서학 교도들 가운데 상당수가 정조가 신임하던 남인南人 계열 선비들이었다. 노론 계열에서 서학 교도들을 박멸하자는 주장이 봇물처럼 터져 나왔다.

　일부 연루자들을 처형한 뒤 정조는 남인 목숨을 빼앗는 대신 서학을 '발본색원'할 방안을 내놨다.

　"처벌이 능사가 아니다. 근본을 바르게 하는 것이 느슨한 것 같아도 더 쉽다. 서학을 금하기 위해 패관잡기부터 금지한다." 그리고 정조가 제안했다. "패관잡기로 쓴 모든 책들을 물이나 불 속에 던져 넣으면[焚書·분서] 어떨까."[176] 이 제안과 함께 정조는 중세 유럽 바티칸 교황청에서도 하지 못한 과격한 말을 내뱉었다.

　"선왕의 옳은 말씀이 아니면 노자·석가·제자백가 모조리 이단이다."
　[異端云乎者 老佛楊墨荀莊申韓 凡諸子百家 而非先王之法言皆是也·
　이단운호자 노불양묵순장신한 범제자백가 이비선왕지법언개시야][177]

　'선왕의 옳은 말씀'은 성리학적 이상과 법을 뜻한다. 최고 권력자 입에서 성리학을 제외한 모든 학문이 이단이라는 선언이 나온 것이다. 관료들과 벌이는 논쟁에서 패한 적이 없고, 본인이 140권이 넘는 문집을 저술했을 정도로 학문에 통달한 왕이었다. 하지만 그가 통달한 학문은 성리학 일변도였고, 그가 진흥한 학문은 성리학, 오로지 성리학이었다. 남인을 제거하려는 노론을 견제하고 왕권을 강화하려는 정치적 목적 달성을 위해 학문의 자유를 희생시킨 것이다. 그의 시대가 '조선 문예부흥기'라는 수사는 허황되고 헛된 가짜 뉴스다.

다음 달 12일 홍문관 수찬 윤광보가 "정학正學을 밝혀 사설邪說을 물리치시라"며 홍문관에 있는 서양책들을 큰 거리에서 태워버리라고 상소했다. 정조가 답했다. "멀리까지 내갈 일이 있겠는가. 즉시 홍문관에서 태워버려라."[178] 그렇게 궁중 도서관에 소장돼 있던 서구 문명이 불구덩이 속으로 사라졌다.

1792년 3월 24일 경상도 안동 도산서원에서 이황 별세 222주년 기념 특별과거시험이 열렸다. 경상도 유생 7,228명이 응시했다. 영의정 채제공이 이를 기념하는 비문을 지었다. 비문 내용은 이러했다. '서학이 동방으로 흘러와 서울과 경기까지 퍼졌으나 유독 영남은 한 사람도 오염되지 않았다. "퇴계가 남긴 교화"라며 주상께서 감탄하셨다[上歎·상탄].'[179]

그리고 그해 10월 19일 정조가 패관잡기를 엄금하는 '문체반정'을 공식선언한 것이다.

"완전히 뜯어고치라[頓革舊體·돈혁구체]."[180]

닷새 뒤 정조는 패관체를 쓰는 초계문신 남공철을 조사하라고 명했다. 반성문을 읽은 정조는 "잡소리를 늘어놓았다"며 남공철에게 장 70대를 선고하고 형 집행 대신 돈으로 속죄하라고 명했다. 돈은

정조가 '바른 문체'라고 칭찬한 규장각 동료 성대중 칭송 잔치 비용으로 사용됐다.[181]

낭패를 본 남공철은 곧바로 "임금이 당신이 주범이랍디다"라고 《열하일기》 저자 박지원에게 편지를 썼고, 이후 벌어진 일은 앞에 소개한 그대로다.

이뿐 아니었다. 정조는 5년 전인 1787년에 패관소설을 읽다가 적발됐던 김조순과 이상황에게 반성문을 받으라고 명했다. 마침 청나라 사신으로 뽑혀 북상 중이던 김조순은 허겁지겁 5년 전 일을 반성하는 글을 조정에 보냈다. 반성문을 본 정조가 이리 말했다.

"문체가 바르고 우아하고 뜻이 풍부하다. 내가 촛불을 밝히고 읽고 또 읽고 밤 깊은 줄도 모르게 무릎을 치곤했느니라."[182]

훗날 김조순은 패관잡기 유통 주범인 박지원을 이렇게 비난했다. "박지원은 맹자 한 장을 읽으라고 시키면 한 구절도 못 읽을 거다." 《임원경제지林園經濟志》를 저술한 백탑파 관료 서유구가 "박지원은 오히려 맹자를 한 장 더 쓸 수 있을 사람"이라고 두둔하자 김조순이 이리 답했다. "그대가 이 정도까지 문장을 모르는구나. 내가 있는 동안 홍문관과 예문관에 근무할 생각 말라."[183]

백탑파의 몰락, 학문의 종언

18세기 개혁 사상을 대표한 학파는 북학파요, 백탑파다. 오랑캐로 멸시했던 청나라에서 서양 학문과 과학과 신문물을 목격하고 이를 조선에도 구현하려는 원대한 비전을 가진 학자와 관리들이었다. 그런데 그들이 지향한 그 신문물이 왕에 의해 이단으로 규정됐다. 그 왕은 1798년 스스로를 '만 갈래 강을 비추는 밝은 달의 주인[萬川明月主人翁·만천명월주인옹]'이라 부르며 세상 모든 학문의 원천이라고 선언했다.

활발하게 저술 활동을 하던 백탑파는 활동을 중단했다. 누구는 죽고 누구는 지방에 발령이 나 뿔뿔이 흩어졌다. 안의현감에 임용돼 경상도로 내려간 박지원이 처남 이재성에게 편지를 쓴다. "수십 년 긴 세월, 떼 지어 노닐던 옛 친구들이 거의 다 죽어 하룻밤 우스개를 하고 싶어도 불가능하다. 대신 전혀 모르던 사람이 튀어나와 나를 오랑캐라고 욕지거리를 늘어놓는다."[184]

백탑파 관리들은 하나같이 반성문 제출을 명받았다. 정조는 "이덕무, 박제가 무리는 문체가 전적으로 패관과 소품에서 나왔다"고 선언했다. 이 과정에서 정조는 본심을 드러냈다. "이들을 규장각에 뒀다고 내가 그 문장을 좋아하는 줄 아는가. 이들이 서얼 출신으로 처지가 남들과 다르기 때문에 둔 것이다. 나는 실로 이들을 배우로서 기른다[予實俳畜之·여실배휵지]."* 능력을 높이 평가해 임용한 사람들이 아니라 첩 자식들을 차별 없이 뽑았음을 남들 보라고 등용했다는 뜻이다.

문체반정이 공식 선언되고 석 달 뒤 1793년 정월 25일 아침 이덕무가 죽었다. 죽기 전날까지 반성문 작성을 고민하다가 글을 쓰지

* 정조, 《홍재전서》, 〈일득록〉 5, '문학' 5

못하고 죽었다.* 이덕무가 죽었다는 소식에 안의현감 박지원은 "마치 내가 죽은 거 같다"고 슬퍼했다. 그리고 맑은 대나무 숲에 자리를 깔고 술상을 차린 뒤 '꿈속에 찾아온 죽은 옛 벗들'과 한참 이야기를 나눴다.[185]

정조를 촛불 아래 밤새우게 만들고 패관체 몸통 박지원을 비난했던 김조순은 훗날 정조 사돈이 됐다. 죽기 직전 정조가 아들을 맡긴 것이다. 나라를 맡긴 것이다. 순조 장인으로서, 김조순은 세도정치 시대를 연 권력가가 됐다. 그리고 1803년 백탑파의 상징인 희디흰 원각사지 탑이 보이는 산중에서 훈련대장 김조순 휘하 무관武官 108명이 시회詩會를 열었다. 그 풍경을 그린 그림과 글이 남아 있다. 제목은 《탑동연첩塔洞宴帖》이다. 서문에는 이렇게 적혀 있다. '영안부원군 김조순님께서 특별히 은택을 베푸시니, 죽을 곳을 알지 못할 지경이다[不知死所·부지사소].'

학문의 몰락, 국가의 몰락

박지원은 말년에 아들 종채에게 여덟 글자를 써준 적이 있었다.

因循姑息, 苟且彌縫
인순고식 구차미봉

* 《청장관전서》 간본, 〈아정유고〉 8, '선고부군先考府君의 유사遺事'

1803년 7월 2일 훈련도감 무관 108명이 훈련대장인 영안부원군 김조순 후원으로 서울 창신동에서 시회詩會를 열었다. 뒤쪽에 원각사십층석탑이 보인다. 원각사탑, 흔히 백탑白塔이라 불렀다. 박지원, 이덕무, 유득공, 박제가 같은 이용후생을 주장한 학자들이 백탑 주변에서 수시로만나 백탑파를 형성했다. 김조순은 백탑파 수장인 박지원 글을 맹비난하고 정조의 '문체반정'에 적극 동조한 관료였다. 그 덕에 김조순은 정조 사돈이 됐고, 순조의 장인으로 세도정치 문을열었다. 백탑파는 학문 탄압 속에 사라졌고 그 학문도 맥이 끊겼다. 박지원이 죽기 2년 전 김조순이 후원한 이 시회 그림은 바로 학문 탄압의 상징이기도 했다. 이들은 시회를 기념하는 그림과 시집《탑동연첩》을 남겼다. / 서울역사박물관

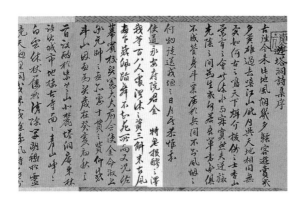

김조순을 찬양하는 《탑동연첩》 서문. '김조순 대감 은혜에 죽을 곳을 알지 못할 지경이다'라고적혀 있다. / 서울역사박물관

인습을 못 벗어나고 눈앞의 편안함만 좇으면서 땜질하는 태도라는 뜻이다. 그리고 이리 일렀다. "천하만사가 이 여덟 글자로부터 잘못된다."[186]

1805년 박지원이 죽었다. 1829년 아들 박종채가 편집해둔《연암집燕巖集》을 순조 아들 효명세자가 빌려갔다. 효명세자는 개혁을 주도하던 권력자였다. 그런데 이듬해 그 왕자가 요절했다. 스물한 살이었다. 그가 장수했다면 조선의 운명이 어떻게 달라졌을지 모른다. 박지원 아들 종채가 왕실에서 반납된 책을 살펴보니 '나라를 다스리는 방책을 강구한 대목들'에 종이가 접혀 있었다.[187]

지성이 정체된 세도정치 시대, '인습을 못 벗어나고 땜질처방만 하며' 세월이 갔다. 그 인순고식因循姑息을 최고선이라고 칭하며 변혁을 가로막은 사람이 누구인가. 정조다. 18세기 대변혁의 시대에 조선 학문은 그렇게 압살 당했다.

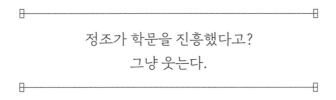

정조가 학문을 진흥했다고?
그냥 웃는다.

13장

실학이
조선에 영향을 미쳤다고?

---- ❋ ----

책 한 권 출판 못한 실학자들
: 정약용과 서유구의 경우

괴담

성리학이 현실의 모순을 해결할 수 있는 역할을 더는 하지 못하게 되자 일부 학자는 국가 사회 전반에 걸친 개혁을 통해 사회 모순을 해결하고 부국안민을 달성해야 한다고 주장하였는데, 이를 실학實學이라고 한다. 실학은 크게 토지 제도 개혁을 중시하는 방향과 상공업 진흥을 적극 주장하는 방향에서 전개되었다.《고등학교 한국사》(3쇄), 미래엔, 2022, p.79)

진실

과장내지 가짜뉴스. 소위 실학이 세상에 첫 등장한 때는 1930년대 식민시대였다. 실학은 18~19세기 국가 정책에 전혀 쓰이지 못했고 관련 서적은 전혀 출판되지 못했다.

파괴돼야 할 신화, '실학'

정약용, 박제가, 이덕무, 유득공, 박지원 등등. 국사교과서에 나오는 대표적인 '실학자實學者'들이며, 실학은 영·정조 때 생겨난 학문으로서 '현실과 동떨어진 공리공론을 주장하는 성리학에 반기를 들고 현실 모순을 해결할 방안을 추구한 현실적인 학문'이다. 실학자들은 이를 위해 토지 제도 개혁과 상공업 진흥 같은 구체적인 국가 정책을 제시해 조선 후기 사회를 이끌었다. 그 실학을 집대성한 학자가 다산 정약용이다, 라고 우리들은 알고 있다.

앞에서 봤듯, 이들 학자들이 활동했던(혹은 활동하지 못—했—던) 영·정조시대는 학문이 진흥하던 시대가 아니었다. 성리학을 제외한 학문은 비이성적으로 탄압을 받았고 그런 학문을 추구하던 선비들은 목숨까지 위협받을 만큼 정치적으로 불이익을 받았다.

그리고 실학이라는 용어는 그 당시에 만든 말이 아니다. 지금 우리가 실학자라고 부르는 그 선비들 누구도 실학자라 자칭하고 자기네 학문을 실학이라고 선언한 적이 없었다. 오히려 이들의 저서를 살펴보면 공자와 맹자와 주자가 남긴 저서와 철학에서 벗어나지 못한 얼굴들이 보인다. 북학파 태두 연암 박지원이 그렇고 다산 정약용이 그렇다. 실학, 실학자 같은 개념은 아주 훗날 식민시대 학자들에 의해 탄생한 용어들이다.

정체가 어찌됐건, 그렇다면 그 소위 실학자들이 내놓은 현실적 정책은 조선이라는 국가 발전에 어떤 영향을 미쳤을까. 앞장을 읽어본 독자들은 대충 눈치 챘겠지만, 답은 '제로'다. 이들이 품고 있던 정책은 이들이 쓴 책에만 기록됐고 그나마 그 책들은 이들 살아 생전에 단 한 권도 출판되거나 대중에게 판매되지 못했다. 다산 정 약용, 그리고 그에 비해 대중적으로 덜 알려졌으되 정약용만큼 평 가를 받아야 하는 풍석 서유구의 삶을 살펴보면서 실학과 실학자가 조선에 미친 영향을 알아보기로 하자.

관료에서 유배까지, 다산과 풍석

1776년 3월 즉위 후 6개월 뒤 정조는 창덕궁에 왕립도서관 규장 각을 세웠다. 규장각 간부인 각신閣臣 6명은 공무 중 면책특권을 비

서유구(1764~1845). 조선 후기 대표적인 실용주의자다. / 위키피디아

롯한 많은 특권을 누렸다. 5년 뒤 정조는 37세 이하 과거 합격생 가운데 초계문신을 뽑았다. 정조는 이들을 규장각에 근무시키고 직접 가르쳤다. 왕이 관료를 직접 양성한 것이다. 1781년 16명을 비롯해 정조가 죽은 1800년까지 초계문신은 모두 138명이 선발됐다. 1789년 15명에는 정약용이, 1790년 19명에는 서유구가 들어 있었다.

1789년과 1790년 초계문신을 대상으로 한 시경詩經 강의 후 정조가 출제한 시험 문제 590개 가운데 후배 서유구는 181개, 선배 정약용 답안은 117개가 채택됐다.[188] 두 사람은 천재였다.

1800년 정조가 죽었다. 이듬해 정약용은 천주교를 믿는다는 빌미로 18년 유배를 떠났다. 1806년 서유구 또한 정계를 떠났다. 삼촌 서형수가 규장각 초계문신 김달순의 역모 사건에 연루돼 정계에서 축출 당하자 스스로 물러났다. 정약용처럼, 물러나 산 세월이 또한 18년이었다.

유배지에서 써내려간 두 변혁론

두 사람 모두 정조 총애를 받는 관료였다. 정약용은 만 8년 관료 생활에 만족할 수 없는 혁신 정치가였다. 그래서 정계 복귀를 꿈꾸며 유배지 강진에서 그가 써내려간 혁신 철학이 훗날 《여유당전서與猶堂全書》에 응집됐다. 1표2서, 즉 《목민심서》, 《흠흠심서》와 《경세유표》가 그가 강진시대에 완성한 정치철학이다.

가난 속에서, 그리고 가난을 함께 겪은 백성들과 18년 초야 생활 끝에 서유구는 깨달았다. "곡식이나 축내고 세상에 보탬 되지 않는 자 중에 글 쓰는 선비가 으뜸이다."[189] "경세학은 '못 먹는 흙국이고 종이떡[土羹紙餅·토갱지병]'이다. 무슨 보탬이 되겠는가."[190] 또 있다.

"조상 중 1명이라도 벼슬한 이가 있으면 눈으로는 '고기 어魚'와 '노나라 노魯'자도 구별 못 하면서 손으로는 쟁기나 보습을 잡지 않는다. 처자식이 굶주려 아우성쳐도 돌아보지 않고 손 모으고 무릎 꿇고 앉아 성리性理를 이야기한다." "왕은 앉아서 도를 논한다는데 뭘 논하는지 모르겠고 사대부는 일어나 행한다고 하는데 뭘 행하는지 모르겠다."[191]

세상 물정 모르는 조선 성리학자들에 대한 경고이고 자성이기도 했다. 그래서 서유구는 먹을 수 있는 국과 떡을 만들었다. 그게 《임원경제지》다. 농촌 경제를 열여섯 분야로 나눠 2만 7,000개가 넘는 표제어를 자그마치 한자 252만 자가 넘는 분량으로 설명한 책이다.

그래서 《임원경제지》에는 사람이 먹을 수 있는 국을 끓이는 방법과 사람이 씹어 삼킬 수 있는 떡 만드는 법들이 구체적으로 적혀 있다. 밭고랑 간격과 깊이는 어찌해야 하며 화훼를 심을 때는 어찌해야 하며 도배는 어떤 종이와 기름과 풀과 아교를 써야 하며, 금과 은, 구리와 철 따위 금속을 어떻게 채취하고 가공하고 활용해야 하는지 적었고, 물건을 사고팔 때 가까운 장터는 몇 리쯤 되는지 거리표까지 삽입해 설명해 놓았다.

《임원경제지》는 252만 자가 넘는 글로 농업과 제조업, 상업과 예술 같은 민간 경제에 대한 모든 실용정보를 담았다. 사진은 잠업을 위한 뽕나무 재배와 수확 항목. / 풍석문화재단

당쟁과 박해, 눈처럼 사라진 천연두 백신

1800년 규장각 검서관 초정 박제가가 규장각에 근무했던 전 형조참의 정약용을 찾아왔다. 정조의 문체반정文體反正 이후 사상의 자유가 통제되던 때였다. 박제가는 《북학의北學議》를 통해 상공업 및 무역 진흥을 주장한 북학파였다. 정약용은 천주교 신봉 문제로 구설을 피해 고향인 경기도 마현에 은둔 중이었다. 박제가는 이미 경기도 영평현령(포천군수)으로 재직 중이었다.

박제가가 방문했을 때 정약용은 《종두방種痘方》이라는 청나라 천연두 의서를 탐독 중이었다. 책에는 "천연두 환자 고름딱지를 처리해 그 즙을 코에 넣으면 치료가 된다"는 '인두법人痘法'이 적혀 있었다.

몇 페이지가 달아나고 없는 이 책을 박제가가 보았다. "나한테도 비슷한 책이 있다." 박제가가 보내준 책과 이 책을 합치고 정약용이 주석을 붙여 책이 완성됐다. 그 책을 포천군수 박제가가 읽고선 "여름과 겨울에 유효기간이 다르다"고 알려줬다. 그리고 박제가가 희소식을 전해왔다. "관아 이방吏房이 흥분해 종두를 자기 아이에게 접종하고, 관노가 자기 아이에게 그리고 내가 조카에게 접종하니 쾌차하였다."

임상시험이 완료된 그 종두를 포천에 사는 이종인이라는 의사가 포천 남쪽 한성 이북 선비들에게 접종해 큰 성공을 거뒀다.[192] 포천에서 박제가와 협업했던 의사 이종인은 의서《시종통편時種通編》을 저술해 민간에 인두법을 보급했다.

3인의 협업이었다. 영국인 제너가 우두법을 내놓고 4년 뒤, 인두법이 나옴으로써 우두법보다 효과가 떨어지고 부작용도 컸지만 천연두 귀신에 기대던 전 근대적 치료법이 폐기되는 데 결정적인 기여를 한 것이다.

그런데, 다음은 정약용이 남긴 기록 끝부분이다.

'이해(1800년 6월) 임금이 승하하였다. 다음 해 봄에 나는 포항 장기長鬐로 귀양 가고 초정 박제가는 경원慶源으로 귀양 갔다. 그런데 간사한 놈이 의사 이씨를 모함하여 신유사옥辛酉邪獄(1871년 벌어진 천주교도 학살사건)으로 무고하니 의사 이씨가 고문 받아 거의 죽게 되고 두종痘腫도 단절되었다.'[193]

백신 3인방 가운데 박제가는 역모사건으로 함경도 경원으로 유배를 당했고 의사 이종인은 천주교도로 몰려 고문당하고 정약용은 그 꼴을 자기 유배지에 앉아서 기록하고 있으니, 이 얼마나 우스운가.

다 죽고 사라진 뒤에야

1818년 정약용이 유배에서 풀려났다. 고향 마현으로 돌아간 정약용은 시중에 《목민심서》가 필사본으로 돌아다니는 사실을 알고 "한 글자 반 구절도 다시는 다른 사람에게 보여선 안 된다"고 두려워했다.* 제자들과 함께 강진 초당에서 제작한 저서 수천 권은 단 한 권도 출간되지 못했다.

하나는 있었다. 바로 천연두에 관한 《마과회통》이다. 유배에서 풀리고 10년이 지난 1828년 정약용은 1798년 탈고했던 《마과회통》을 증보편찬하면서 부록으로 〈영국신출종두기서英咭利國新出種痘奇書〉라는 청나라 소책자를 소개했다. 우두법을 창안한 에드워드 제너가 쓴 책을 청나라에서 한역한 단행본으로, 제너의 우두법이 청나라까지 전파된 과정을 소개한 책자다. 정약용은 이 책을 〈신증종두기법상실〉이라는 제목으로 첨부했다.

그런데 정약용은 이 글에 나오는 **모든 서양 지명과 인명, 연도를 지워버렸다.** 언뜻 보면 서양인이 쓴 책인지 알 수 없을 정도였다.[194] 갈수

* 정약용, 〈약암 이재의에게 보낸 편지〉(국립중앙박물관 소장)

록 기승을 부리는 반反 시학적 지성세와 성치계를 상대로 자기검열을 해버린 것이다. 정약용은 《마과회통》서문에 이렇게 썼다. '내가 편집한 본방本方을 난리에 잃어버렸으므로 여기에 전말을 기록하여 아이들에게 보인다.'

그리고 1880년 지석영이 마침내 우두법을 도입해 조선팔도에 퍼뜨렸다. 1882년 임오군란 때 종두법 실험장이 불타는 고난도 겪었다. 조선은 이후 천연두로부터 차츰 해방됐지만 학문과 사상 통제가 없었다면 많이 앞당겨질 수 있었던 해방이었다. 우두법을 도입한 지석영 또한 1909년 12월 12일 이토 히로부미 추도식에서 추도문을 낭독한 혐의로 명예를 잃고 2003년 과학기술부 선정 '과학기술인 명예의 전당' 15인에서 제외됐다.

《임원경제지》운명도 똑같았다. 훗날 서유구가 스스로 쓴 묘지명 〈오비거사생광자표五費居士生壙自表〉*에는 이렇게 적혀 있다. '근심스러운 처지에 근심을 잊기 위해 온갖 서적을 널리 수집해 《임원경제지》를 편찬했으니 이 일에 골몰한 것이 앞뒤로 30여 년이다. 그런데 인쇄를 하자니 재력이 없고 장독대 덮개로나 쓰기에는 충분하니 이 또한 낭비로다.'[195]

학문을 수단으로 삼은 당쟁, 그리고 그 당쟁 속에서 싹튼 학문 탄압과 이후 이어진 세도정치 속에서 250만 자에 이르는 방대한 '실학적' 저작물은 햇빛을 보지 못했다. 이게 정조 시대와 이후 '실학', '실학자'를 덮쳤던 재앙이었다.

* '다섯 가지 낭비를 한 거사의 생전 묘지명'이라는 뜻이다.

식민시대에 부활한 '실학'

식민시대가 본격화된 1930년대 연희전문 교수 정인보와 전 조선일보 사장 안재홍이 주동해 '조선학운동'을 개창했다. 사회주의적 국제주의와 일제의 동화정책에 대해 비판적으로 대응하고, 이를 위해 전통사상에서 개혁을 찾자는 취지였다.[196] 조선을 망국으로 이끈 성리학을 버리고 이들 식민 지식인들이 취한 대안이 '문화건설론'과 '다산학茶山學'이었다. 아무도 읽어주지 않을까 두려웠던, 그럼에도 책이 읽혀서 자신이 해를 입을까 두려웠던 저작들이, 그가 죽고 백년이 지난 뒤에야 되살아나기 시작했다.

1934년 《하멜 표류기》 국역본이 사학자 이병도에 의해 나왔다. 300년 전 하멜이 겪은 거지 같은 일에 사람들은 놀랐다. 첨단 항해술, 무기술과 경험이 한꺼번에 조선에 들어왔다가 사라진 사실을 그제야 알았다.

바로 그해 9월 8일 오후 8시 기독교청년회관(YMCA)에서 출판사 '신조선사'가 '정다산기념강연회'를 열었다. 70권짜리 정약용 전집을 내겠다는 발표와 이를 겸한 강연회였다. 1934년 9월 4일자 〈조선일보〉에 따르면 이날 강연 연사는 정인보와 안재홍, 사학자 문일평과 현상윤이었다. 강연회에는 '동서에 흩어졌던 선비들이 구름처럼 모여들어 눈물을 머금었다.'[197] 소위 '실학'의 시작이었고 '실학자'들의 부활을 알리는 대사건이었다.

4년이 지난 1938년 10월 25일 정약용이 쓴 책과 글을 모은 《여유당전서與猶堂全書》 76책이 출간됐다. 정약용이 죽고 102년 만에야 인쇄돼 나온 정약용 저서들이다. 생전에 간헐적으로 필사본만 돌아다니던 저서들이 묶여서 나온 것이다.

그해 10월 28일자 〈매일신보〉는 이렇게 전한다. '실제에 관한 학문을 추구하는 사상운동이 일어나 박연암(연암 박지원), 류반계(반계 유형원) 이외에 많은 대학자가 배출하였는데 그 중에서도 제일 두드러진 분이 다산 선생이었다. 그 연구는 서양학풍까지 이입하여 놀라울만한 저서가 있건만 이것이 당대는 물론 후세에 널리 소개되지 못하여 유감으로 하던 바 (중략) 외현손 김성진 씨가 편찬을 시작해 햇수로 다섯 해 총경비 3만 5,000원의 거액을 들여 전부 76책으로 된 방대한 전서가 지난 25일로써 발간 종료를 보게 되었다. 교열

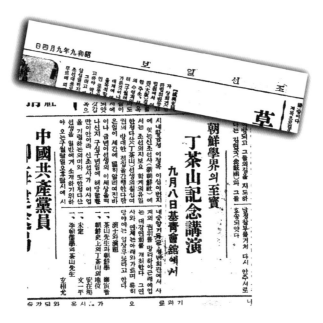

다산 정약용의 부활을 알리는 1934년 9월 4일자 〈조선일보〉. / 조선일보DB

은 정인보 씨와 안민세가 담당하였고 윤치호, 공성학, 김사정 제씨
가 많은 원조를 하였다는데 '신조선사' 권태휘 씨는 그 동안의 고심
한 경과를 다음과 같이 말한다. "이 전서 발간에 착수한 후 마치 지
중한 보물을 등에 걸머지고 험한 산길을 걷는 듯한 책임을 느꼈습
니다. 중간에 종이 값이 고등해져서 간행을 정지하지 않을 수 없는
비운에 몇 번이나 부딪쳤습니다. 간행 당초부터 물질로 정신적으로
종시일관하게 지도원조해주신 여러분께 다만 감사할 뿐입니다."'

두 달 뒤인 12월 16일 오후 5시 경성 명월관에서 출판기념회가
열렸다. '조선한학의 집대성으로 볼 수 있는 정다산 선생의 저술인
《여유당전서》가 신조선사의 노력으로 간행된 것은 학계에 큰 경사

《여유당전집》완간을 알린 1938년 10월 28일자 〈매일신보〉. / 국립중앙도서관

이므로 각 방면 유지의 발기로 출판기념회를 개최하기로 했으며 일반의 다수 참석을 환영한다(하략)' 1938년 12월 15일자 〈매일신보〉에 실린 발기인 명단에는 모두 60명으로 윤치호, 이극로, 이병도, 문일평, 방응모, 김성수 같은 저명한 조선인은 물론 재한 일본인도 많았다. 이들이 '종시일관하게 지도원조해주신 여러분'들이다.

정약용은 그래도 행복했다. 서유구가 쓴 산업 백과사전 《임원경제지》는 무려 해방이 되고 전쟁이 끝나고 13년 뒤인 1966년에야 서울대에서 영인본으로 첫 출간됐다. 그나마 국역 작업은 21세기 들어서 '임원경제연구소'라는 민간연구소에서 수행 중이니, 도대체 얼마나 오랫동안 우리는 어둠 속에 살아왔는가. 문체반정 이후 이용후생과 부국강병책을 담은 책들이 암흑 속에 묻혔던 것이다. 19세기 후반 조선에는 서양으로부터 과학기술을 제대로 받아들여야 하겠다는 각오를 가진 인사들이 거의 없었다. 그런 정신 자세가 훈련된 일이 없었기 때문이다.[198]

다산 저서 출판기념회를 알린 1938년 12월 15일자 〈매일신보〉. 발기인 명단에 일본인도 섞여 있다. / 국립중앙도서관

"우리들은 이미 쓸모없는 사람이다"

정조의 학문 탄압으로 지하로 숨어들었던 백탑파(북학파)도 그 맥을 잇지 못했다. 19세기 시작과 함께 문을 연 세도정치 기간 백탑파는 학술 교류는커녕 그 어떤 친목 도모도 하지 못하고 사라져 버렸다.

백탑파를 정신적으로 이끌었던 연암 박지원도 마찬가지였다. 그 아들 박종채도, 손자 박규수도 정리해뒀던 《연암집》을 '유림의 비방을 의식해' 출판하지 못했다.[199] 《연암집》이 세상에 나온 때는 그가 죽고 95년이 지난 1900년이었다. 책을 펴낸 사학자 김택영은 이 또한 몇몇 글은 '패관잡기'로 규정하고 제외했다.[200] 그래도 개화파 지식인 김윤식은 "당세에 쓰이지 않으리라 짐작하고 백 년 후까지 남겨둬 원대한 효과를 거두게 되었다"라고 평가했다.[201]

이 시점에서 100년 전 조선을 방문했던 동서양 지식인이 남긴 기록을 속 쓰리게 읽어 본다.

조선은 유교 교의에서 한 발자국도 벗어나지 못한 과학 정신이 없는 나라로 몰락했다.

– 모리스 쿠랑, 《조선문화사서설》(1896), 김수경 역, 범우사, 1995, p.136

조선은 일본의 상대上代를 밝혀준 나라에서 주자 외에는 영웅호걸을 아는 자가 없는 나라로 전락해 있었다.

– 혼마 규스케, 《조선잡기》(1894), 최혜주 역, 김영사, 2008, p.24, 181

조선을 깔보는 서양제국주의자 혹은 조선을 탐하는 일본 극우파가 갈겨댄 글 같은가. 그렇다면 다음을 읽어보자.

우리 국조 500년 동안 문치文治를 숭상하였는데 어찌 학문이 없고 교육이 없었겠는가? 다만 갑오년(1804) 이후 인재를 기용하지 않고 뇌물만 노리며 경서經書를 읽은 선비들은 바위굴에서 늙어 죽은 사람이 많았으므로 결국 오늘과 같은 침체를 가져오게 되었다. 과거에 급제하고 벼슬길에 오른다면 일신의 사생활은 행복을 누리겠지만 국가에 보탬이 되고 백성을 이롭게 하여 천하의 공익公益을 가져오는 데는 아무런 이익이 없을 것이다. 내 나이 40여 세가 되어 세상일에 뜻을 두고 보니 과거에 배웠던 것이 모두 실질적으로 필요한 일이 아니었다. 선비 노릇도 못하고 농사꾼도 못 되고 상공인이 되려고 해도 되지 못하였다. 비록 국가가 오늘처럼 되지 않았어도 **우리들은 이미 쓸모없는 사람이다**[吳輩已屬無用也·오배이속무용야].202

이기李沂(1848~1909)가 쓴 《일부벽파론―斧劈破論》(1908)이다. 이기는 동학전쟁 초기 전봉준에게 "아예 썩은 정부를 전복하자"고 제안할 정도로 변혁을 추구했던 사람이었다. 나라가 망조에 들자 이기는 나철과 함께 대종교운동을 창시해 활동했고, 1909년 서울에서 곡기를 끊고 자결했다. 그런 그가 옛 학문 프레임에 갇혀 이미 '쓸모없는 사람'이 되었다고 고백했다. 누구 탓인가.

갑신정변(1884) 주역 가운데 한 사람인 박영효는 이렇게 기억했다. "박규수 대감 집에서 《연암집》을 읽으며 귀족을 통박하는 세계관을 배웠다."[*] 이 '박규수 대감'이 소위 '실학'의 최선봉에 있던 북학파 태두 연암 박지원의 손자다. 정조로 하여금 '문체반정'이라는 반시대적 정책을 선언하게 만든 《열하일기》 저자다.

해학 이기(1845~1909). / 국사편찬위원회

이게 실학과 실학자가 조선에 미친 아니 미─치─지─못─한 영향이다. 학문을 말살한 문체반정이 없었다면 실학으로 뭉뚱그려진 개혁가들이 꿈꾼 세상은 얼마나 앞당겨졌을 것인가. 그 실학이 오히려 식민시대에 숱한 조선과 일본 지성인에 의해 부활했으니, 이 어인 일인가.

> 조선을 변화시킨 실학이라고?
> 실학자 다 죽고 나라 망하고 나서야
> 세상에 책들이 나왔다네.

* 이광수, 《동광》 19호, 〈갑신정변회고담, 박영효씨를 만난 이야기〉, 1931년 3월 1일

14장

의병장 최익현이 대마도에서 아사순국餓死殉國했다고?

애국심이 눈을 가린
가짜뉴스

1

면암 최익현은 항일 의병장으로 활동하다 1906년 일제에 의해 쓰시마에 끌려갔다 일본의 곡식은 결코 먹을 수 없다며 단식 끝에 순국했다. (2002년 4월 23일 〈동아일보〉)

2

1905년 을사보호조약이 성립되자 임병찬과 함께 의병을 일으켜 근천 명의 부하를 인솔하고 순창 등지에 웅거하고 일본군에게 반항하다가 적에게 패하였다. 1907년 일본의 16개 조목의 죄를 나열해서 왜황倭皇과 이토 히로부미에게 보내는 등 열렬히 활약하다가 일본헌병사령부에 체포돼 대마도에 감금되어 일본 음식을 먹지 않고 한국 음식만 먹다가 공급이 제대로 되지 못하여 옥중에서 아사餓死함.(국가보훈처, 〈최익현 공적조서〉)

3

선생은 일제가 주는 음식을 거부하며 단식을 결행하다 1906년 11월 17일(음력) 74세를 일기로 순국하셨다.(2015년 9월 3일 〈오마이뉴스〉)

4

최익현은 74세의 고령으로 의병을 일으켜 최후의 진충보국하고자 했으나 뜻을 이루지 못하고 적지 대마도 옥사에서 순국하였다.(《한국민족문화대백과사전》)

진실

최익현은 사흘 만에 단식을 풀고 4개월 뒤 병사했다.

면암 최익현은 1834년 1월 14일 경기도 포천에서 태어나 1907년 1월 1일 일본 대마도에서 죽었다. 그 사이에 최익현은 상소를 통해 대원군을 끌어내리고 고종의 친정을 이끌었다. 각종 위정척사 상소를 통해 나라 문을 닫고 일본의 침략 야욕을 경계하라고 주장했다. 1905년 을사조약이 체결됐을 때 이를 반대하는 상소를 올리고 의병을 일으켰다가 일본군에 체포돼 대마도로 끌려갔다가 그곳에서 죽었다. 그 공로로 해방 후 최익현은 대한민국 정부로부터 건국훈장 대한민국장을 추서 받았다. 최익현은 지금 충남 예산에 잠들어 있다.

면암 최익현 초상. / 국립중앙박물관

많은 인물들이 공동체를 위해 목숨을 바쳤다. 경로와 명분은 다양했으나 순국이라는 결과는 동일했다. 그런데 한 인물에 대한 평가는 입체적이어야 하고 사실史實에 맞아야 한다. 이 글은 최익현의 일생에 대한 이야기다.

킹메이커 최익현

고종이 즉위하고 10년이 된 1873년 음력 11월 3일(양력 12월 22일) 호조참판 최익현이 사표와 함께 작심 상소를 올렸다. 열두 살에 즉위한 고종에게 아버지 대원군이 가지고 있던 권력을 회수하라는 요구였다. 이미 여러 차례 올린 상소에 나온 내용이었지만, 이번 상소는 수위가 높았다.

'(명나라 황제 사당인 만동묘와 서원 철폐, 노론의 정적인 남인들에게 시호를 내리려 하고 청나라 돈인 청전淸錢을 유통시킨) 몇 가지 문제는 전하께서 어려서 아직 정사를 도맡아보지 않고 계시던 시기에 생긴 일이니, 새롭게 정사를 총괄하면서 정리하시라.'[203]

"명나라가 서원을 두 번 철폐했는데 그에 따라 왕실이 뒤집혔다"는 내용도 들어 있었다. 7년 전인 1866년 조대비가 수렴청정을 거둔 이래 흥선대원군이 시행한 모든 정책을 부정하라는 상소였다. 이를 시행하지 않으면 왕실이 뒤집힌다는 경고도 함께였다.

바로 다음 날 밤 고종은 벌떼처럼 궁중으로 몰려든 친 대원군 대신들에게 친정親政을 전격 선언했다. 이로써 스물한 살 먹은 고종의 시대가 열렸다. 권력 기반은 노론과 척족 민씨 세력이었다. 고종 시대는 그렇게 마흔 살 먹은 차관(참판) 최익현이 열었다. 최익현은 킹메이커였다.

위정척사의 선봉에서

1876년 1월 조선이 일본과 강화도조약 협상 와중에 최익현은 도끼를 들고 궁궐 앞에서 상소를 올렸다.

'화친은 사학邪學의 지름길이며 기자箕子의 오랜 나라가 오랑캐에 빠지게 되는 것이니 순조와 헌종 때 서양인들을 주륙했듯 계책을 세우시라.'[204]

'사학邪學'은 천주교를 포함한 비非 성리학적 학문 일체를 뜻했다.

나흘 뒤 고종이 명을 내렸다. '최익현은 임금을 속이고 핍박하는 말을 만들어 방자하게 지적하여 규탄하였다. 한 가닥 남은 목숨을 용서하여 흑산도로 유배 보내되, 사흘 길을 하루 만에 걷게 만들라.' 3년 전 자신을 왕으로 만들어준 사람이었지만 왕명 거역은 있을 수 없었다. 1월 30일 흑산도에 유배된 최익현은 4년 동안 가시덤불 가득한 집에 갇혔다. 위리안치圍籬安置라고 한다.

하지만 최익현은 만만한 사람이 아니었다. 최익현은 흑산도 곳곳을 유람하며 흔적을 남겼다. 1878년 4월 친구들과 함께 천촌淺村이라는 마을을 찾았다. 그가 말했다. "섬 바깥에서는 풍속이 퇴폐해졌으나 이곳 사람들은 명나라 관을 쓰고 공자, 맹자가 아니면 읽지 않으니 진실로 존숭할 만하구나." 그리고 미 을 바위에 글을 새겼다. '箕封江山 洪武日月(기봉강산 홍무일월)', '기자가 봉한 땅이요, 명나라 첫 황제 주원장의 세월'이라는 뜻이다. 바위에는 주자가 쓴 시에 나오는 '지장指掌'이라는 이름을 붙였다.[205] 최익현은 1879년 2월 9일 유배에서 풀려나 고향으로 돌아갔다.

때는 19세기 후반, 한 번도 겪어보지 못한 격변의 시대였다. 갑돌이는 이런 계책을 논하고 병순이는 저런 계책을 논하며 나라를 걱정했다. 누군가는 철저한 쇄국을 해결책으로 삼았고, 누군가는 개방을 내세웠다. 최익현을 포함한 위정척사파는 쇄국을 주장했다. 체제를 파괴하는 삿된 학문을 배격하고 바른 학문인 성리학을 수호하기 위한 최선이라 여겼다. 그들에게 '기자가 봉한 땅과 주원장이 세운 세월'은 벗어나면 큰일이 날 프레임이었다.

다시 등장한 최익현과 투쟁가

임오군란(1882), 갑신정변(1884)과 동학농민전쟁과 청일전쟁(1894)이 조선을 뒤흔들었다. 그 긴 세월 동안 최익현은 침묵을 지켰다. 1894년 7월 갑오개혁 시대 고종이 최익현을 공조판서로 임명했다.[206] 집에서 임명 소식을 받은 최익현은 "김홍집과 일본 공사 오토리 게이스케가 명을 조작한 것"이라며 거부했다.

그리고 1895년 10월 왕비 민씨가 일본인에게 살해됐다. 전국에서 의병이 일어났다. 고종은 최익현을 민심을 안정시키는 선유대원에

임명했다. 최익현이 사표를 던지며 붓을 든다. "원수를 갚겠다는 의
병을 내가 어찌 선유하겠는가."[207]

1905년 2월 최익현은 경기관찰사에 임명됐다. 그는 "나라를 파는
무리를 처벌하라"며 사직했다. 최익현은 일본군에 체포됐다가 석방
됐다. 11월 을사조약이 체결됐다. 최익현은 "폐하께서는 명나라가
망할 때 의종이 사직을 위해 죽은 의리를 듣지 못하셨는가?"라고
상소를 올렸다. 막말로 "나가 죽으라"는 이 상소에 대해 고종은 "헤
아릴 일이 있다"고만 답했다.[208]

의병장 최익현

1906년 1월 19일 최익현은 충청도 논산 궐리사에서 집단 상소를
결의했다. 그리고 3월 15일 그때 살던 충남 청양 정산에서 거병을
결의하고 호남으로 출발했다. 그가 말했다. "내 나이 80에 가깝지만
사생死生은 깊이 생각할 것이 아니다."[209] 6월 14일 최익현은 제자
무리와 함께 전북 태인 무성서원에서 거병하고 일본의 16가지 죄목
을 적은 문서를 작성한 뒤 순창으로 행군했다. 순창에서 관군에 포
위되자 최익현은 "같은 민족끼리 전투는 불가하다"고 선언했다. 이
에 무리들이 흩어지고 최익현은 남은 제자 21명과 의관을 정제하고
앉아 《맹자》를 읽다가 체포됐다.[210] 그리고 일본군으로부터 3년 금
고형을 선고받고 대마도에 끌려가 죽었다.

〈대한매일신보〉는 최익현이 대한제국이 아닌 일본군 재판을 받

고, 대한제국 영토가 아닌 대마도로 압송된 이유를 이렇게 보도했다. '의병 사건으로 일본사령부에 체포된 최익현 씨 이하 9인을 대마도로 압송하라는 사실이 전해진 바, 일본군 군법회의소에서 사형에 준하는 형[擬以死律·의이사율]을 받았는데 이토 (히로부미) 후작이 "비록 반일하는 사람들이지만 또한 모두 우국지사이니 죽이는 것은 불가하다며 유배형으로 확정했고 시국이 잠잠해지면 모두 석방해 귀국시키라" 하였다더라.'[211]

통감부측은 '비슷한 시기에 벌어진 홍주의병들과 함께 재판하기 위해 최익현 일행도 (일본) 헌병대에서 수사하겠다'고 방침을 정한 뒤 이를 실행했다.[212] 1905년 을사조약으로 주권이 유명무실해진 상황에서 벌어진 일이었다.

이제 최익현의 신화가 탄생한다.

대마도에 유폐된 최익현

충남 예산 광시면에는 최익현 묘가 있다. 묘 앞에는 그를 기리는 〈춘추대의비〉가 서 있다. 1972년에 세운 비석이다. 이렇게 적혀 있다. '산 몸으로 적이 주는 한 알의 쌀과 한 모금의 물마저 물리치고 74세 일기를 들어 아사순국餓死殉國으로'. 대마도에서 일본군이 주는 음식을 거부하고 단식하다가 순국했다는 뜻이다. 끌려간 날은 8월 27일이었고 죽은 날은 1907년 1월 1일이었다. 70대 노인이 자그마치 4개월 넘도록 단식 끝에 죽었으니, 조선인에게는 우국충정과 반일 투사의 극단적 상징이있으리라.

그런데 사실은 '전혀' 다르다. 함께 대마도에 갔혔던 제자 임병찬의《대마도일기》에는 이렇게 적혀 있다.

일본군 대대장이 통역을 통해 관을 벗고 경례를 하라고 했다. 선생이 벗지 않으니 일본인이 다시 말했다. "일본이 주는 밥을 먹으니 일본법을 거역하지 말라." 병정이 칼로 찌르려 하자 선생이 나

충남 예산에 있는 최익현 춘추대의비. 작은 사진은 최익현이 '아사순국했다'고 새겨진 부분.

와서 꾸짖었나. "이놈, 어서 찔러라." 이에 선생은 "밥을 먹지 않고 자결自決하게 되었으니 이 역시 운수로다"라 말하며 나를 시켜 황제에게 아사순국하겠다는 상소를 적어 내렸다. 그런데 대대장이 와서는 "통역이 잘못 전했으니 안심하고 밥을 먹고 나라를 위해 몸을 조심하시라"고 전했다. 이를 선생에게 전하니 죽을 드셨다. 우리 모두 밥을 먹었다. 단식은 사흘 만에 끝났다. 12월 4일 선생이 풍토병을 얻었다. 아들과 의사가 건너와 병구완을 했다. 선생은 끝내 돌아가셨다. 1907년 1월 1일이다.[*]

요지는, **최익현은 사흘 만에 단식을 풀었다**는 말이다. 유배 기간 최익현 아들 최영조가 대마도로 건너와 옷과 이부자리, 찬합 따위를 가져다주기도 했다.[**]

제자들이 만들어낸 최익현

1907년 1월 5일 최익현 유해를 태운 배가 부산에 도착했다. 수천 군중이 운집한 가운데 제자들이 소리쳤다. "이 배는 대한의 배요, 이 땅은 대한의 땅입니다!" 관棺은 군중을 뚫고 하루 짧게는 10리씩 길게는 30리씩 겨우 움직여 보름 만에 청양 정산 본가에 도착했다.

[*] 임병찬, 〈대마도일기〉, 《독립운동사자료집》 2, 국가보훈처 공훈전자사료관
[**] 유준근, 〈마도일기〉, 《독립운동사자료집》 2, 국가보훈처 공훈전자사료관

1907년 4월 25일자 〈대한매일신보〉. 최익현이 '삼가 스스로 목숨을 끊으면서 아뢴다[謹自盡以聞·근자진이문]'는 고종에게 올린 상소문이 실려 있다. 이 신문은 제자 임병찬이 올린 '스승께서 사흘 만에 단식을 풀었다'는 상소는 보도하지 않았다. / 국립중앙도서관

1907년 1월 14일자 〈황성신문〉은 '고 찬정 최익현 씨를 조상함[吊故贊政崔益鉉氏·조고찬정최익현씨]'이라는 사설을 썼다. 제목과 달리 내용은 매정했다. '최면암은 구래 학설을 베낀 것이 아닌 것이 없고[罔非勦襲於舊來之學說·망비초습어구래지학설] 세상은 변했으나 혼자 변하지 않은 사람[時變而我不變者·시변이아불변자]이었도다.'

그런데 반전이 일어났다. 제자 임병찬은 귀국과 함께 스승의 상소문을 고종에게 올렸다. 3개월 뒤인 1907년 4월 25일 제자 임병찬이 고종에게 뒤늦게 올린 스승의 상소문이 〈대한매일신보〉에 실렸다. 전문을 인용한 이 기사는 '삼가 스스로 목숨을 끊으면서 아뢴다[謹自盡以聞·근자진이문]('聞'은 '아뢴다'는 뜻이다)'는 상소문의 마지막 문장으로 끝났다. 원래 임병찬은 이 상소와 함께 '스승께서 사흘 만에 단식을 푼 이유'를 적은 본인 상소문도 올렸는데, 이 상소문은 신문에 실리지 않았다.

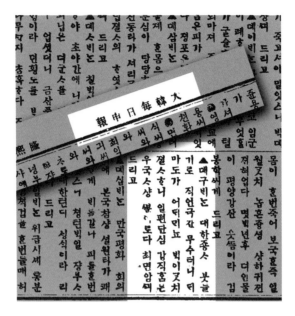

1908년 3월 20일자 〈대한매일신보〉. 최익현을 백이와 숙제 같은 절개를 지키다 죽은 충신으로 비유했다. / 국립중앙도서관

왜 〈대한매일신보〉가 이 제자 상소를 싣지 않았는지 이유는 모른다. 신문을 읽은 사람들은 최익현이 단식을 풀었다는 사실을 알지 못한 채 그가 '단식 순국 결의를 밝히고 결국 굶어죽었다'라고 알고, 이를 조선팔도에 전파했다.

그리고 신화가 되었고 괴담이 되었다. 최익현은 나이 일흔넷에 적지에 끌려가 무려 넉 달 동안 단식투쟁 끝에 순국한 신화적 선비가 되었다. 구시대 인물이라는 〈황성신보〉의 평가는 사라지고 최익현은 '대마도에서 백이, 숙제처럼 죽은 최면암 씨'* 같은 신화적 존

* 1908년 3월 20일 〈대한매일신보〉

재가 되었다. 그런데 제자 임병찬의 추가 상소를 보도하지 않은 매체와 최익현을 '백이, 숙제처럼 절개를 지키며 죽은 사람'이라고 보도한 매체는 〈대한매일신보〉로 동일하다. 두 기사로 미뤄볼 때, 〈대한매일신보〉가 임병찬 상소를 보도에서 제외한 것은 의도가 있었다고 추정할 수 있다.

후손과 제자가 만든 그 문집은 통감부와 총독부로부터 압수 대상이 됐다.[213] 의도되지 않은 오보誤報가 만든 신화였지만, 최익현은 오래도록 조선 사람들의 구심점이 됐다.

예산에 있는 면암 묘소

최익현이 처음 묻힌 곳은 항일 결의를 처음 밝힌 논산 노성면 지경리(옛 노성군 월오동면 지경리) 궐리사 부근 무동산 기슭이었다.[214] 궐리사는 조선 후기 노론의 본거지였다. 그의 제자들이 충남 연기를 비롯해 여러 곳에 장지를 살폈지만 최종 장지는 이 궐리사 옆이었다.

그런데 지금 무덤은 예산 광시면에 있다. 왜 예산으로 이장했는지 기록은 없다. 많은 사람들은 "참배객을 막기 위해 일제가 강제 이장했다"고 알고 있다.

그런데 무동산에 묘를 쓰고 열흘 뒤 앞서 제자 임병찬의 '스승이 단식을 푼 이유' 상소를 보도하지 않은 〈대한매일신보〉에 박영직이라는 노성면 주민이 이런 광고를 실었다.

예산 최익현 무덤.

최 선생 묘를 허락 없이 우리 집 선산에 썼기로, 이미 장사를 치러
큰 낭패를 보겠기에 선생의 충절에 어렵게 허락했으나 7개월 연
한으로 반드시 이장하라.*

이장의 이유가 강압인지 허락 없이 묘를 쓴 이 산송山訟 때문인지
는 모르겠으나, 면암은 지금 예산 광시면에 잠들어 있다.

* 1907년 5월 22일 〈대한매일신보〉

아사순국하지 않았다고 애국자가 매국노로 바뀌지 않는다. 애국이 항상 진실은 아니다. 하지만 진실은 바로 애국이다. 여기까지가 '면암 최익현이 대마도에서 단식투쟁 끝에 순국했다'는 가짜뉴스 이야기다.

면암 최익현이 4개월 단식 끝에 순국했다고?
가짜뉴스.

15장

'헤이그 밀사 이준 할복자살'은 〈대한매일신보〉의 가짜뉴스였다

—— ❀ ——

모두가 쉬쉬했던 '미화된 역사'

괴담

1907년 네덜란드 헤이그 만국평화회의 밀사 이준은 회의장에서 할복 자살했다.

진실

헤이그 밀사들은 회의 참석이 거부됐고 이준은 숙소에서 병사病死했다.

불편한 진실

해방 후 왜곡된 민족사를 바로잡아야 한다는 여론이 비등하게 되었다. 일제 식민주의자들에 의한 식민주의사관도 바로잡아야 하지만 동시에 민족주의 내지는 국수주의적인 관점에서 해석되고 미화되어진 역사적 사실들에 대한 검증도 여러 분야에서 제기되었다. 이준의 사인死因에 관한 문제도 이와 같은 추세에서 제기되었다. 지금까지 전승되어 오던 내용과 차이가 있음이 여러 사람들에 의해 제기되었고 더 이상 자살설로 국민을 설득한다는 것이 불가능하게 되었다.*

이상설, 이준, 이위종 세 헤이그 밀사 가운데 이준에게는 '열사烈士' 칭호가 붙어 있다. 1907년 네덜란드 헤이그 만국평화회의 회의장에서 할복자살해 민족 자긍심을 높인 위인으로 추앙받는 인물이다. 그런데 이미 식민시대에 이준 열사의 사인 논란이 있었고, 6·25전쟁이 끝난 1950년대에는 본격적인 논쟁이 불붙었다.

〈이준열사사인조사자료〉(국사편찬위원회, 1962).
/대한민국역사박물관

* 전 국사편찬위원장 이만열, 〈이준 열사의 생애와 국권회복운동〉, 《2009년 상반기 시민강좌자료집》, 서울YMCA시민논단위원회, 2009

1907년 7월 19일 〈대한매일신보〉. '義士 自裁(자재=자살)'라는 제목으로 '이준이 자결해 뜨거운 피를 뿌렸다[灑·쇄]'고 보도했다. / 국립중앙도서관

1962년 '국사편찬위원회'가 공식적으로 자살이 아닌 분사憤死(울분을 못 이기고 죽음)라고 결론을 내렸다. 역사적 사실이 조작 내지는 미화, 왜곡됐다는 것이다. 그리고 그 중심에 항일운동을 주도했던 신문 〈대한매일신보〉가 있다. 불편한, 하지만 알아야 할 진실 이야기.

밀사 파견과 퇴위당한 황제

1907년, 엄혹한 때였다. 1905년 을사조약으로 나라는 실질적인 식민지로 변했다. 주권을 지킬 군사력은 없었다. 유력 정치인 중에는 "일본 밑으로 들어가자"며 노골적으로 병합을 주장하는 사람들도 있었다. 그때 나온 계책이 네덜란드 헤이그에서 열리는 만국평화회의 밀사 파견이었다. 서울에 있던 전직 검사 이준, 간도에 있던 전직 의정부 찬찬 이상설 그리고 주러시아공사 이범진의 아들 이위종이 비밀리에 선정돼 헤이그로 떠났다.

하지만 회의 참석은 불가능했다. 러일전쟁(1904~1905) 승리로 조선에 대한 '제국주의적 권리'를 열강으로부터 승인받은 일본은 대한제국이 회의 참석 권한이 없다고 주장했다. 열강은 이를 받아들였다.

이상설과 이준은 블라디보스토크에서 출발해 한 달에 걸친 여행 끝에 6월 25일 헤이그에 도착했다. 이위종은 상트페테르부르크에

대한제국 밀사 3명에 대해 보도한 1907년 7월 5일자 〈만국평화회보〉. /위키피디아

서 합류했다. 비넨호프궁 회의장 입장이 불허된 이들은 7월 9일 출입기자들 초청으로 인근 국제협회 건물 회의장에서 기자회견을 열었다. 5개 국어에 능통한 이위종이 〈한국을 위한 호소Plea for Korea〉라는 제목으로 연설을 했다. 많은 기자가 호응했지만, 활동은 거기서 끝났다. 7월 19일 일본은 밀사를 빌미로 대한제국 내각을 통해 고종을 퇴위시키고 융희제 순종을 등극시켰다. 다음 날 꼭두각시 황제 순종은 세 밀사를 '거짓으로 밀사라고 칭한 죄'로 처벌하라고 명했다. 이상설은 교수형, 이준과 이위종은 종신형을 선고받았다.[215]

두 매체의 첫 보도 – 자결 순국

그런데 고종 강제 퇴위 사흘 전인 7월 16일 헤이그에서는 이준 장례식이 열렸다. 현지 신문 〈하흐스허 쿠란트Haagsche Courant〉에 따르면 이준은 7월 14일 '호텔방에서 갑자기 죽었다. 뺨에 난 종양을 제거했지만 살리지 못했다.'[216] 공동묘지에서 열린 장례식에는 이상설만 자리를 지켰다. 이상설은 "슬프다"라고 두 번 탄식했다.[217] 이미 기자회견에도 참석하지 못할 정도로 이준은 앓고 있었다. 훗날 이상설은 "약 세 첩이면 간단히 고칠 병이었는데 애석하다"고 항일 동료 이동녕에게 말했다.[218]

이 소식을 조선에서 처음 보도한 신문은 〈대한매일신보〉였다. 7월 18일 이 신문은 호외號外를 발행해 이렇게 전했다.

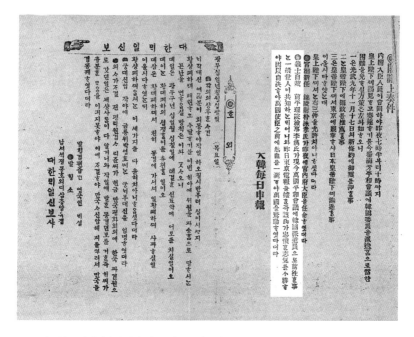

1907년 7월 18일 〈대한매일신보〉 호외. / 국립중앙도서관

전 평리원 검사 이준 씨가 현금 만국평화회의에 한국 파견원으로 갔던 일은 세상 사람이 다 알거니와 어제 동경 전보를 받은 즉 이 씨가 충분忠憤한 마음을 이기지 못하여 이에 자결해 만국 사신 앞에 피를 뿌려서 만국을 경동케 하였다더라.[*]

그리고 다음 날 이 신문은 호외 내용을 다시 게재한 뒤 아래쪽에 〈격검이가擊劍而歌(칼을 부딪치며 노래함)〉라는 제목으로 이렇게 보도했다.

[*] 1907년 7월 18일 〈대한매일신보〉 호외

끝내 몸 안 가득한 붉은 피를 만국회의장에 한 번에 흩뿌렸으니 그 충절은 만고에 필적할 이 없으리.

뜻이 같고 방향이 같아도 신문은 경쟁이 생명이다. 경쟁지에만 기사가 실리고 자기 신문에는 싣지 못한 것을 '물 먹었다'라고 한다. 밀사 자결 기사를 〈대한매일신보〉에 물 먹은 〈황성신문〉은 이날 '이씨 자살설'이라는 제목으로 '자기 복부를 칼로 잘라 자살했다는 전보가 도착했다는 설이 있더라'라고 보도했다. 〈황성신문〉 기자들은 확인하는 데 실패했지만, 이렇게 '카더라'라는 형식으로 자살 소식을 전한 것이다.

그리고 다음 날 〈황성신문〉은 '우일지사又一志士(또 한 지사가)'라는 제목으로 특종 기사를 보도했다. 한 사람이 아니라는 것이다.

이준 씨가 자살했다 함은 이미 보도했거니와, 또 들은 즉 이위종 씨도 자살했다는 전보가 어딘가에 도착했다는 설이 있더라.*

충격적인 특종이었지만, 자결했다는 이위종은 그때 잠시 상트페테르부르크로 돌아간 상황이었다. 하지만 이미 2년 전 을사조약 직후 자결 순국한 수많은 지사志士들을 목격한 조선 사람들이었다. 사람들은 자결 순국에 대해 존경심 가득한 트라우마를 앓고 있었다. 구체적인 출처도 없는 기사들이었지만 이역만리에서 누군가가 또

* 1907년 7월 20일 〈황성신문〉

1907년 7월 20일 〈황성신문〉. '이준씨가 자살했다'는 기사와 함께 '또 다른 지사 이위종씨도 자처(自處=자살)했다'는 전보가 어딘가 도착했다'라고 보도했다. / 국립중앙도서관

나라를 위해 자결했다는 소식에 경악했다.

이준의 죽음과 항일 연대

7월 17일 일본 외무차관 진다 스미미珍田捨巳는 '이준 사인은 상처가 연쇄상구균에 감염된 단독丹毒'이라고 통감부에 보고했다. '자살이라는 소문을 퍼뜨리는 자가 있으나 사실은 알려질 것'이라고 토를 달았다.[219] 일본에서는 〈진세이신분鎭西新聞〉이라는 나가사키 지역신문이 '밀사 병사'를 처음 보도했다. 〈대한매일신보〉가 받았

다는 '자결 사망 소식을 전한 동경 전보'는 실체가 무엇인지 알 수 없다.

어찌 됐건 이준의 할복 소식은 순식간에 국내의 여론 동향을 바꿔버렸다. 일본을 한국의 문명개화에 도움 주는 지원국으로 생각하던 사람들을 미몽에서 깨어나게 해주고 나라의 운명이 풍전등화에 처했다는 위기감을 절실하게 느끼게 해주었다. 그 죽음은 한국 근대사에서 가장 잊힐 수 없는 애통하고 억울한 민족 정서를 대변해주었다.[220]

〈대한매일신보〉가 주도하고 있던 국채보상운동에는 가속도가 붙었다. 해외에서는 분열돼 있던 항일독립단체들이 결집하는 효과도 가져왔다. 좌우를 막론하고 독립운동 진영에서 즐겨 불렀던 〈용진가勇進歌〉에는 '배를 갈라 만국회에 피를 뿌린 이준공과 육혈포로 원수 쏴 죽인 안중근처럼 원수 쳐보세'라는 가사가 삽입되기도 했다.

스스로 밝혀지는 진실

〈대한매일신보〉는 이후 잇달아 이준의 장거를 미화하는 기사를 쏟아냈다. 7월 31일에는 이준이 참석 기자들 앞에서 기자회견을 열고 일본을 비판하는 연설을 했고, 이에 기자단은 만장일치로 한국을 동정하기로 결의했다고 보도했다.[221] 또 다른 밀사 이위종이 한 연설을 이준 연설로 보도한 것이다. 8월 31일에는 '헤이그의 외로운 혼, 대한열사 이준을 조상함'이라는 제목으로 만가를 게재했다.

그런데 병을 앓다 죽었다는 사실이 여러 경로로 보도되자 〈대한매일신보〉는 9월 5일 '일전에 헤이그에서 온 전보를 받아보니 음력 6월 6일에 회의장에서 통곡하며 자살한[痛哭自裁·통곡자재] 사실이 명확하다'고 재확인했다.[222]

〈대한매일신보〉가 주도한 '이준 자결 순국' 보도는 황현의 《매천야록》을 비롯한 여러 문서에 인용돼 사실로 완전히 굳어졌다.

그런데 해가 바뀌고 1908년 1월 21일 〈대한매일신보〉는 슬그머니 '사실관계'를 180도로 바꿔버린다. 이날 자 1면에 이 신문은 '의사 이준 씨를 조상하고 전국 동포에게 광고함'이라는 제목의 조사를 게재했다. 조사를 쓴 사람은 1월 8일자에 이준을 위해 의연금 5달러를 송금했다고 보도된 미국 교포 신태규였고 기사 형식은 '기고문[寄書·기서]'이었다. 요즘으로 치면 외부 칼럼이라는 뜻이다. 장문의 조사 가운데 이런 내용이 들어 있었다(국한문 혼용인 원 문장을 현대어로 고쳤다).

이준은 독립을 회복케 하소서 하며 방성대곡하다가 혼절하여 땅에 넘어져 피를 토하고 인사불성이 되었다. 잠시 후 깨어나 고함지르기를 (중략) 내가 혈기 남아로 한국에 다시 태어나 한국 독립을 하늘에 고할 것이다 하더니 마침내 별세한지라.[223]

할복했다는 사실은 간 곳이 없다. 1면 절반을 채운 외부 칼럼을 통해 그때까지 주장했던 '할복자살'을 철회하고 '분사憤死'로 가장 중요한 '팩트Fact'를 고쳐버린 것이다. 문자해독률이 10퍼센트도 되지

1908년 1월 21일 〈대한매일신보〉. '의사 이준씨를 조상함'이라는 재미교포 신태규 기고문을 게재했다. '할복자살했다'는 기존 보도와 달리 '회의장에서 이준이 방성대곡을 하다가 혼절한 뒤 별세했다'라고 사실관계가 달라져 있다. / 국립중앙도서관

않던 그 시대, 이 고풍스러운 문체를 알아 본 독자가 얼마나 됐을지 의문이다. 순한글과 국한문혼용 두 가지로 발행하던 이 신문은 순한글판에는 이 기고문을 싣지 않았다. 결국 신문은 바뀌었지만 신화는 철회되지 않았다.[224]

해방, 그리고 바로잡은 역사

해방이 되었다. 항일운동가와 학계에서 침묵을 깨고 진실 규명을 요구했다. 1956년 사학자 이병도가 쓴《국사대관》에서 병사설이 처음으로 공개됐다. 온 사회가 들끓었다. 당시 내무부가 이 병사설 사

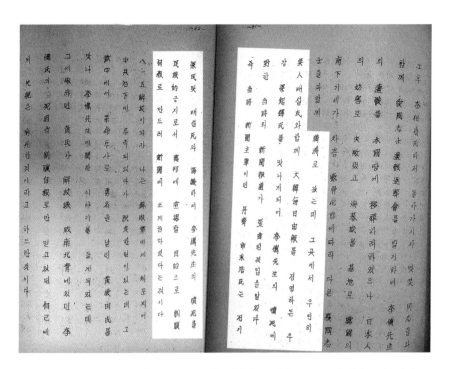

1962년 10월 국사편찬위원회가 발간한 〈이준열사사인조사자료〉. 1907년 헤이그 만국평화
회의에 밀사로 파견됐다가 현지에서 죽은 이준의 사인 논란에 대해 자살설과 분사설에 대한
각종 기록과 증언을 취합한 문건이다. 81~83쪽에 "신채호와 양기탁, 베델이 민족 긍지를 위
해 〈대한매일신보〉 기사를 조작했다"는 증언이 수록돼 있다. '할복자살'과 '분사慎死'로 대립
하던 이준의 죽음에 대해 국사편찬위원회는 '순국殉國'이라는 용어로 타협을 봤다. / 대한민
국역사박물관

실 여부를 문교부와 학계에 조회했다.[225] 그해 문교부 의뢰로 '국사
편찬위원회'가 조사위원회를 만들었다. 한 달 뒤 조사위원회는 '이
준 사인은 자살이 아니라 분사'라고 잠정결론을 내리고 이를 문교
부에 통보했다.[226]

　　이후 각종 교과서와 단행본에 '할복자살'이라는 단어들이 사라지
고 '분사'라는 단어가 나타났다. 하지만 최종 결론이 난 것은 아니

었다.

6년이 지난 1962년 10월 27일 국사편찬위원회가 최종 보고서를 내놨다. 보고서 제목은 〈이준열사사인조사자료〉다. 보고서는 식민 시대 문헌과 헤이그 현지 신문과 공문서, 해방 후 각종 매체 보도와 증언을 수집해 '자살설'과 '분사설'을 비교했다.

'자살설'에 대한 1차적 근거는 〈대한매일신보〉와 〈황성신문〉이 었다. 다른 문헌들은 대부분 이들 신문이 직간접적 근거였다. 그런 데 두 매체가 보도한 기사는 사실과 다르거나 근거가 되는 출처가 불분명했다. 그런데 '분사설' 근거들은 당대 독립운동가의 직접 증 언과 네덜란드 언론과 공문서였다. 그리고 만주에서 항일운동을 한 독립운동가 김수산(김광희)*의 증언이 보고서에 실렸다. 핵심 부분 을 읽어보자.

(전략) 나도 한 고향 사람이던 이규풍, 안병무, 김석토 등 제씨와 함께 해삼위海蔘威(블라디보스토크)로 가게 되었다. 마침 그곳에 있 던 **이상설 씨와 만나게 되어 이준 선생의 사인을 확인**하게 되었는데 그 에 의하면 선생은 일본의 방해와 열국의 냉정으로 일이 뜻대로 되지 않으매 심화心禍가 터져 **잔등에 종기가 생기어 드디어는 이 등창**

---

* 김수산(김광희): 1892년 함경북도 학성生. 1922년 7월 고려혁명위원회 해외조직 부장으로 활약하는 한편 11월 천도교 신·구파간 내분 수습을 위해 신파의 포조 대표위원으로서 협의를 성공시켰다. 1930년에는 한족총연합회의 지도당으로 조 직된 신한농민당 위원장으로 헌신했다. 이 같은 공로로 정부는 김광희 선생에게 1953년 대통령 표창, 1991년 애국장을 수여했다.(국가보훈처, 〈김광희 공적조서〉)

으로 말미암아 운명하였다는 것이다.

러시아의 남하 기세가 차츰 노골화함에 따라 해삼위에서 만주로 갔는데, 그곳에서 우연히 영국인 배설 씨와 함께 〈대한매일신보〉를 경영하던 우강 양기택 씨를 만나게 되었다. 그에게서 이준 선생의 분사에 대한 당시의 신문 보도가 왜곡된 것임을 알았다.

즉, 당시 〈대한매일신보〉 주필이던 단재 신채호 씨는 앞에 말한 양 씨 본인 및 배설 씨와 협의하여 이준 선생의 분사憤死를 민족적 긍지로서 만방에 선양할 목적으로 할복자살로 만들어 신문에 쓰게끔 하였다는 것이다. (하략)[*]

양기탁과 영국인 베델은 〈대한매일신보〉 공동운영인이었고 신채호는 이 신문 주필이었다. 그러니까 생사고락을 함께 한 동료 밀사로부터 사실을 들었고, 민족을 위해 가짜뉴스를 썼노라는 고백을 그 뉴스를 쓴 당사자로부터 직접 들었다는 증언이었다. 이 증언은 이미 1956년 7월 18일 〈한국일보〉 인터뷰에서 김수산 본인이 공개한 내용이었다. 김수산은 같은 내용을 문서로 재작성해 국사편찬위 조사위원회에 제출했다.

이 같은 결정적인 증언과 잠정적인 결론이 났음에도 공식적인 결정은 쉽지 않았다. 당시까지 50년 넘도록 '진실'로 우뚝 서 있던 조작과 왜곡이 쉽게 무너지지는 않았다.

---

[*] '독립운동가 김수산 (김광희) 증언', 〈이준열사사인조사자료〉, 국사편찬위원회, 1962, pp.78~82

1956년 조사위원회가 활동을 개시하자 이준 열사 추모 단체인 '일성회'에서 이렇게 요구했다.

'국민 사기 앙양을 참작해 분사라 해도 자살로 해두는 것이 타당하다.'

'분사라 하면 「열사」 칭호는 사용할 수 없다. 현 시기상 애국심을 고취한 의미에서도 그 사인을 밝힐 필요의 유무부터 고려해보자.'

'특별한 사유가 없는 한 이 사건은 더 문제 삼지 않는 것이 어떤가.'

'이준 씨는 성격상으로 보아서 자살할 수 있는 분이다.'[227]

결국 6년이 지난 1962년 10월 27일 국사편찬위원회는 〈이준열사사인심의회〉를 열고 '일성회' 요청으로 그때까지 '분사憤死'로 정정됐던 용어를 '순국殉國'이란 말로 쓰도록 결의했다. '할복자살설은 모든 사실로 보아 근거 없는 것이지만 나라를 위해 일을 하다 타국에서 별세한 만큼 이를 '순국'으로 적기로 했다'는 것이다.[228] 35년 식민시대를 짊어지고 갓 탄생한 젊은 공화국에서 내릴 수 있는 당시 최선의 조치였다. 신화가 진실이 아니라 괴담이었다는 사실을 각성했으니, 젊은 대한민국은 그만큼 키가 자라 있었다.

하지만 의사는 냉정해야 한다. 의사는 환자나 보호자를 위로하는 대신에 병명과 경과, 향후 조치를 냉철하게 설명해야 한다. 21세기 대한민국에 필요한 것은 위로를 위한 괴담과 조작이 아니다. 아프지만 견뎌야 하는 대수술과 각성이 필요하다. 이제 괴담은 그만.

헤이그 밀사 이준이 할복자살?
괴담에 속지 말고 정신 차립시다.

16장

나라는 팔렸는데
왕실은 그대로였던, 희대의 괴담

❋

을사오적과
고종

1905년 11월 17일 을사늑약 체결에 동의한 다섯 명의 내각 대신을 '을사오적'이라고 한다. 일본제국의 주권 침탈에 맞서 싸우면서 굽히지 않던 광무황제 고종은 새로운 국제평화질서 구축의 시점에서 오히려 적국의 희생으로 일생을 마쳤다.(이태진,《일본의 한국병합 강제 연구》, 지식산업사, 2016, p.432)

나라는 팔리고 없는데 왕실은 그대로였다. 그러면 누가 나라를 팔았는가.

무능인가 매국인가. 무능하고 약한 고종이 매국노들에게 쫓겨 일본에 나라를 빼앗긴 것인가. 혹은 이기적인 고종이 일신의 안위를 위해 일본에 나라를 매각한 것인가. 미시적인 작은 사실들이 모여서 거대한 역사를 만든다. 을사조약이 체결되던 1905년 11월 17일 밤 중명전에 모여 있던 개개 인물들이 한 행동과 판단과 언사가 모여 역사가 된다. 이제 어떤 경로를 통해 나라가 팔려나갔는지 읽어보기로 하자. 21세기 대한민국을 떠도는 가장 어두운 괴담, '을사오적이 나라를 팔아먹은' 역사의 진실을 확인해보자.

공신 이완용의 종묘 배향

1926년 2월 11일 을사오적 가운데 한 명인 이완용이 죽었다. 두 달이 지난 1926년 4월 25일 옛 황제 순종이 죽었다. 순종 3년 상이

나라가 사라졌지만 식민시대 내내 향불이 꺼지지 않은 종묘.

끝나고 1928년 5월 3일 옛 대한제국 원로들이 회합해 종묘에 모실 배향공신 선정 작업에 들어갔다. 18년 전 사라진 황실 대신 전주 이씨 왕족 관리기구인 이왕직李王職에서 후보를 추천했다. 그게 이완용이었다. 이왕직장관 한창수는 차관 시노다 지사쿠篠田治策 추천으로 이완용을 선정했다고 밝혔다. 사실 뒤에는 이왕직 의전담당관인 장시사장掌侍司長 이항구 로비가 있었다. 이항구는 이완용 아들이다.

원로 19명이 붓으로 후보 이름들 아래 낙점落點을 해가며 최종 공신을 선정했다. 아관파천 후 친러내각 총리대신 충문공 김병시 6표, 을미사변 희생자 충숙공 이경직 4표, 문헌공 송근수 2표, 효문공 서정순 2표. 이완용은 한 표를 받았다. 이왕직장관 한창수에게 부탁을 받은 백작 고희경이 찍었다. 회의에 참석한 이완용의 형 이윤용도 이완용을 찍지 않았다.[229]

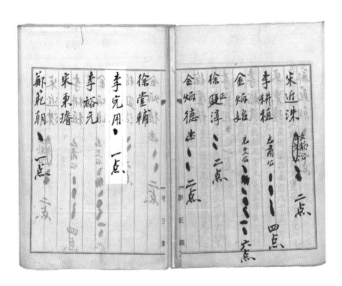

1928년 순종 배향공신 선정 문서. 이완용은 1표를 받았다. / 한국학중앙연구원

그런데 사흘 뒤 이왕직장관 한창수가 들고 온 최종 명단에는 김병시도 없었고 이경직도 없었다. 대신 한 표를 받은 이완용과 두 표를 받은 송근수, 서정순이 배향공신에 선정돼 있었다. 원로 박영효는 "고종 배향공신에 최익현을 올리니까 시호諡號가 없다고 제외하더니, 시호 없는 이완용은 뭔 말인가"라고 했고 민영휘는 "무력한 우리가 떠든들 소용없으나 이유나 알고 싶다"고 했다.[230] 늙어빠진 옛 관료들이 나라 사라진 식민시대에 세력 다툼을 벌인 끝에 이완용을 구심점으로 하는 이왕직 파가 승리한 것이다.

　그리고 이완용과 순종이 죽은 지 15년 만인 서기 1941년 3월 12일 오전 11시 종묘에서 배향공신 의례가 벌어졌다. 전날 문헌공 송근수에 이어 두 번째 순종 배향공신을 종묘에 모시는 행사였다. 공신은 내각총리대신 이완용이다. 송근수처럼 받은 시호가 따로 없어

1941년 이완용을 종묘에 공신 배향했다고 기록한 《종묘숙직일지》. / 한국학중앙연구원

서 종묘에서는 이완용이 대한제국 시절 받은 대훈위금척대수장大勳位金尺大綬章 훈장 명칭을 시호처럼 넣어서 '대훈 이완용'이라고 위패를 만들었다.[231] 이들은 역대 배향공신들 위패가 있는 종묘 정전 앞 공신전에 배향됐다.

이완용 배향 의례를 기록한 이 문서 이름은《종묘숙직일지》다. 1940년 1월부터 1941년 12월 31일까지 종묘 숙직관원이 만든 업무일지다. 1914년부터 기록한《종묘일기》를 포함해 종묘 관원들이 기록한 문서들은 식민시대 종묘에서 벌어진 일들을 빠짐없이 알 수 있는 문서들이다.

끝없이 이어진 종묘 의례

이들 문서를 보면 이완용 종묘 배향 의례를 비롯해, 종묘에서는 각종 의례가 끊이지 않았다. 순종이 즉위한 1907년 7월 19일부터 1910년 8월 29일 한일병합조약 발효일까지 기록인《순종실록》(1907~1910)은 물론 이후 순종이 죽고 종묘에 위패를 넣은 1928년 7월 6일까지 기록인《순종실록부록》(1910~1928)에서 '종묘'를 검색하면 아래와 같이 긴 리스트를 작성할 수 있다.

1908년 5월 4일 종묘에 가서 밤을 샌 뒤 다음 날 하향 대제夏享大祭 7월 23일 종묘 연 4회 제사 규정 마련
1909년 2월 28일

1910년 1월 16일, 2월 16일[232]

1911년 2월 7일

1912년 3월 9일

1913년 2월 25일

1914년 3월 11일

1915년 2월 23일

1916년 2월 15일

1917년 4월 21일

1918년 3월 1일

1919년 1월 21일 고종이 죽자 2월 26일 종묘에 가서 받은 시호를 알림.*

1920년 4월 27일 관리가 순종 대신해 제사

1921년 3월 21일 제물 살핌 4월 13일, 5월 9일, 6월 21일, 11월 14일

* 역대 조선 국왕이 사망하면 다음 왕은 중국 황실에 그 죽음을 알리고 왕위 계승을 승인받는 동시에 죽은 왕을 호칭하는 '시호諡號'를 받아오는 '고부청시청승습사告訃請諡請承襲使'를 파견했다. 시호는 죽은 군주에게 올리는 특별한 이름이다. 시호와 함께 조선에서는 종묘宗廟에 봉안하는 이름을 따로 정했는데, 이를 '묘호廟號'라고 한다. 태조, 세종, 고종, 순종 같은 명칭이 바로 이 묘호다. 중국 황실에 시호를 청하는 관례는 1897년 대한제국 성립과 함께 폐지됐다. 따라서 고종의 시호와 묘호는 청나라나 일본과 무관하게 이왕직에서 올린 후보 가운데 순종이 선택한 명칭이다.

고종의 시호는 '문헌무장인익정효文獻武章仁翼貞孝'이며 묘호는 '고종高宗', '신종神宗', '경종敬宗' 세 후보 가운데 '고종'이 선택됐다.(1919년 1월 27일《순종실록부록》)

순종 시호는 '문온무령돈인성경文溫武寧敦仁誠敬', 묘호는 '순종純宗', '경종敬宗', '성종誠宗' 가운데 '순종' 묘호가 선택됐다.(1926년 6월 11일《순종실록부록》)

1922년 3월 10일, 4월 29일, 5월 1일, 11월 23일

1923년 2월 19일, 5월 23일, 11월 10일

1924년 11월 3일[233]

실록에 따르면 순종은 황제 등극 후 단 한 해도 빼놓지 않고 종묘에 제사를 지냈다. 그래서 순종이 죽었을 때《순종실록부록》은 그를 이렇게 기렸다.

'만기萬幾의 번다한 업무에서 벗어나 오직 종묘를 받들어 생령生靈을 편하게 하는 것만을 생각하니, 아래에서 존경하고 추대하는 바가 더욱 깊어졌다.'[234] 막말로, 나라 일은 할 것이 없었고 오직 종묘만 왕래했다는 뜻이다.

297쪽 사진을 보자. 이 문서 제목은《종묘수복청일기宗廟守僕廳日記》다. '수복청'은 종묘를 관리하는 하급관리기관이다. 그러니까 종묘에서 벌어진 대소사를 수복들이 매일 기록한 일지다. 현재 남아 있는《종묘수복청일기》는 **1945년 1월 1일부터 1946년 9월 26일** 부분이다. 사진에 표시된 부분은 1945년 8월 15일자 일지다. 이렇게 적혀 있다.

'8월 15일 수요일 구름. 음력 7월 8일. 향香을 올리다. 전사보典祀補 '송천운덕松川雲德', 수복 합송이 묘전과 전내 소제 함. 별 탈 없음 [安寧·안녕]' 그리고 한글을 섞어서 이렇게 적었다.

'일본은 무조건 항복하고 조선 해방하다.'

8월 17일자 일지에는 '전날 방공 경보가 울려 방공호에 피신시켰던 종묘 신주를 안전하게 다시 가져왔다'고 부기돼 있고 이를 행한

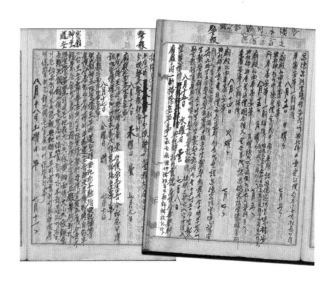

1945년 8월 15일 《종묘수복청일기》. 이날 조선이 해방됐다고 적혀 있다. / 한국학중앙연구원

전사보는 '송본융치宋本融治'라고 적혀 있다. 송천운덕이나 송본융치
가 일본인인지 혹은 창씨개명한 조선인인지는 알 수 없다.[235]

'식스센스'를 능가하는 섬뜩한 반전

이상한 느낌이 들지 않는가. 1910년 대한제국이 완전히 사라졌
다. 그런데 늙은 관료들은 종묘 배향공신을 두고 이전투구를 벌이
고, 사라진 나라 옛 황제는 본인이 죽을 때까지 그 종묘에 가서 제
사를 지냈다. 그리고 그가 죽고 나서도 종묘에는 향화香火의 연기가
그치지 않았다! 일본이 패망을 선언한 바로 그날에도 종묘에는 언
제나처럼 관리들이 청소를 하고, '1946년 9월 26일'까지 '마치 아무

일이 벌어지지 않은 것처럼' 하루하루 일지를 써가며 근무를 했다. 《종묘수복청일기》의 '수복'은 왕조시대에는 노비였다. 식민지가 됐든 말든 식민시대가 종언했든 말든 종묘의 일상은 500년 왕조시대와 마찬가지로 이어진 것이다. 이 섬뜩함. 도대체 이 황실과 이 나라에는 무슨 일이 벌어졌다는 말인가.

현미경으로 들여다보는 을사조약 전후[236]

우리 모두 다 아는 바대로, 1905년 11월 17일 대한제국과 일본제국은 을사조약을 통해 대한제국 외교권을 일본제국에게 강압적으로 넘겼다. 근 120년이 지난 지금도 을사조약에 대해 대한민국 사람들은 분노하는 판인데, 당시에는 오죽했으랴. 당연히 난리가 났다. 조약을 체결한 을사오적을 처단하라는 상소가 봇물처럼 터져 나왔다. 그런데 그 며칠 사이 황제 고종과 상소를 올린 지식인, 관료들 사이에 오간 기록을 보면 '매우' 이상하다.

고종은 조약 체결을 반대했던 의정부 참정 한규설을 "황제의 지척에서 온당치 못한 행동을 했다"며 조약 당일 파면했다.[237] 그리고 조약 체결 당사자인 외부대신 박제순을 영의정에 해당하는 의정대신 서리로 임명하고, 엿새 뒤 박제순을 정식 참정대신에 임명했다.[238] 일본공사관 기록에 따르면 이 인사는 "이토 히로부미와 일본공사 하야시의 충고에 따라" 이뤄졌다. 이날 고종은 '인심을 도발시키는 상소자들을 가둬두기 위하여 강력한 조치를 취하시겠다는 결

심을 보였다.'[239]

고종 태도를 성토하는 상소가 말 그대로 봇물 터지듯 이어졌다.

'분연히 결단하여 이 매국 역적들을 한순간도 지체하지 말고 전형典刑을 분명히 바로잡으소서.'(정2품 박기양)[240]

'다섯 대 수레에 몸을 찢어 돌린들 어찌 그 죄를 다 적용한 것이라 할 수 있겠습니까?'(법부 주사 안병찬)[241]

'박제순의 목을 베 길에 걸어놓고 조인에 찬성한 신하들도 법에 반드시 단죄해야 할 자들이다.'(특진관 조병세)[242]

'매국 역적들을 처단하고 강직하고 충성스런 신하를 선발하여 담판하게 하시라.'(시종부 무관장 민영환 등)[243]

'이 조약은 맺어도 망하고 거부해도 망한다. 망하는 것은 똑같은데 어찌 황제는 사직을 위하여 죽으려 들지 않는가.'(의정부 참찬 이상설(훗날 헤이그 밀사))[244]

'나라를 주도해서 팔아먹은 박제순에게 총애를 베풀어 의정 서리로 삼고 다른 역적들도 편안하게 권위를 유지시켰다. 무엇이 두려워서 그렇게 하는 것인가. 저들의 위엄과 권세를 두려워해서 그런가.'(정3품 윤병수)[245]

'선왕의 판도版圖를 일본으로 넘겨주고 조종祖宗이 남겨준 백성을 일본 포로로 모두 넘기려는가. 국토와 백성은 태조고황제太祖高皇帝가 비바람 맞으며 힘들게 마련한 것이지 폐하의 개인 소유가 아니다.'(전 내부주사 노봉수)[246]

이런 상소에 고종 답은 한결 같았다.

"이처럼 크게 벌일 일이 아니고 또 요량해서 처분을 내릴 것이니
경들은 그리 알라."[247]

크게 벌일 일이 아니라고? 한 나라 외교권이 하룻밤 만에 사라졌
는데 자기가 요량해서 처분을 내리겠다고? 아주 대범하고 유능한
지도자이거나 과대망상증에 걸려 미친 환자거나 둘 중 하나임이 틀
림없다. 그런데 고종은 대범하지도 않았고 유능하지도 않았고 과대
망상증 환자도 아니었다. 이제 이보다 1년 8개월 전 덕수궁(경운궁)
으로 현미경을 다시 들이밀어 보자.

1904년 러일전쟁과 한일의정서

1904년 2월 8일 일본군이 청나라 여순항에 있는 러시아 극동함
대에 어뢰를 발사했다. 러시아 전함 두 척이 대파됐다. 다음 날 일본
함대 14척이 대한제국 제물포에 입항한 러시아 바랴그호와 코리에
츠호를 공격했다. 2월 10일 뒤늦은 일본 측 선전포고와 함께 러일전
쟁이 개전했다. 그해 2월 23일 일본은 대한제국 땅을 군용지로 사
용할 수 있는 「한일의정서」를 체결했다.

전운이 감돌던 1904년 1월 10일 밤 대한제국 외부대신 이지용이
일본공사 하야시 곤스케를 찾아갔다. 이지용은 하야시에게 "황제의

의사가 거의 확성돼 적당한 시기에 밀약을 체결할 단계에 도달했다"고 궁내 상황을 전했다. 다음 날 하야시는 이지용에게 '운동비' 1만 엔을 전달했다.[248] 1월 19일 이지용이 궁내부 특진관 이근택, 군부대신 민영철을 대동하고 황제 위임장 초안을 들고 하야시를 찾았다. 이들은 "생명을 걸고 본건 성립에 온 힘을 다할 작정이니 제국 정부에서도 충분한 신뢰를 해 주기 바란다"고 요구했다.[249]

2월 12일 대한제국 정부는 각 군郡 단위 행정구역에 '군내 통과 일본군에 숙박 및 군수 일체를 협조하라'고 지시했다.[250] 발신자는 외부대신 임시서리 겸 법부대신 이지용이었다. 2월 21일 역시 외부대신 이지용은 한성 판윤 김규희에게 "북진 일본군 군수품 수송을 위해 매일 인부 600명을 지체 없이 모집하라"고 지시했다.[251] 그리고 이틀 뒤 「한일의정서」가 체결됐다. 그러니까 이미 나라는 조약 체결 전 팔려나가고 있었다.

30만엔, 훈장 그리고 '동양의 비스마르크'

1904년 2월 28일 대한제국 황제 고종은 고종 본인과 두 아들인 황태자와 영친왕 이름으로 러일전쟁 군자금 명목으로 일본에 백동화 18만 원을 기부했다.* 그리고 3월 18일 일본 특파대사 이토 히로부미가 고종을 알현했다. 이토는 일본 천황 메이지가 보낸 국서를

* 《일본외교문서》 37권 1책, p.273, 〈한국황제 내탕금 아군 군수 지원〉, 일본외무성

고종에게 봉정한 뒤 '군자금 기증에 대한 천황의 감사인사'를 전했다. 대화 도중 고종이 이토에게 이렇게 말했다.

> 이번에는 특파대사로서 오래 머물지 못하겠지만, 국정에 대해 경으로부터 들을 이야기가 많다. 그러니 짐의 최고 고문이 되어서 평상복을 입고 언제든지 짐의 자문에 답해주기를 희망한다.*

3월 20일 이토가 두 번째 고종을 알현했다. 국제 정세를 논하던 중 고종이 이렇게 이토를 추켜세웠다.

> "서양인들은 영국 빅토리아 여왕과 독일 비스마르크와 청나라 이홍장과 함께 경을 '근세 4걸'이라 한다." 이토가 답했다. "천황의 의지가 확고해 잘 보필한 덕분이다."**

다음 날 이토가 궁내부대신 민병석을 숙소인 정동 손탁 여관으로 불렀다. 자기 숙소 옆방에서 이토가 은밀하게 민병석에게 이렇게 제안했다. "군자금을 받은 답례로 일본돈 30만 엔을 황제에게 바치려 한다." 3월 22일 고종은 "거절은 예의에 어긋난다"며 이를 수락했다.

이토는 30만 엔이 입금된 일본 제일은행 경성지점 예금 통장을

---

* 《일본외교문서》 37권 1책, p.293, 〈3월 18일 이토 특파대사 알현시말〉, 일본외무성
** 《일본외교문서》 37권 1책, p.294, 〈3월 20일 이토 특파대사 내알현시말〉, 일본외무성

민병석을 통해 고종에게 헌납했다. 24일 이토는 궁내부 철도원 감독 현운영의 처를 통해 엄비에게 1만 엔, 황태자에게 5,000엔, 황태자비에게 5,000엔을 각각 상납했다.*

돈을 받은 것이다. 앞으로는 자기 나라 땅을 마음대로 군사용지로 쓰겠다고 찾아온 일본 거물을 극구 칭찬하면서 뒤로는 돈을 받은 것이다. 1904년 당시 30만 엔은 현재 시가로 300억 원이 넘는 거액이다.

'착하고 약한 조선'과 '강하고 악한 일본'이라는 대립구도 속에서 망국亡國 원인을 이해하려는 사람들은 일본 측 기록을 믿지 않는다. 어떻게 믿냐는 것이다. 그래, 이들 문서도 '간악한 일본이 왜곡해놓은 외교문서'라서 믿을 수 없다고? 그렇다면 영국외무성 기록은 어떤가.

이토 후작은 메이지 천황 국서를 조선 외부外部에 사본을 남기지 않고 직접 황제에게 전달했다. 그래서 내용은 알 수 없다. 그런데 민영환이 그날 면담 내용을 이렇게 전했다. "대사는 황제에게 천황 선물이라며 30만 엔을 줬다. 그리고 경부선 철도에 고종이 가진 지분을 보장하고 향후 경의선 지분 또한 보장한다고 확약했다. 이토 후작은 같은 방식으로 50만 엔을 궁중 참석자에게 나눠주고, 이번 방문 관계자들에게도 귀중품을 선물했다."**

---

*《일본외교문서》 37권 1책, pp.297~298, 〈황실 금원 기증 시말〉, 일본외무성
** Jordan to Lansdowne, 1904. 3. 31., FO/17/1659, 영국외무성 아카이브

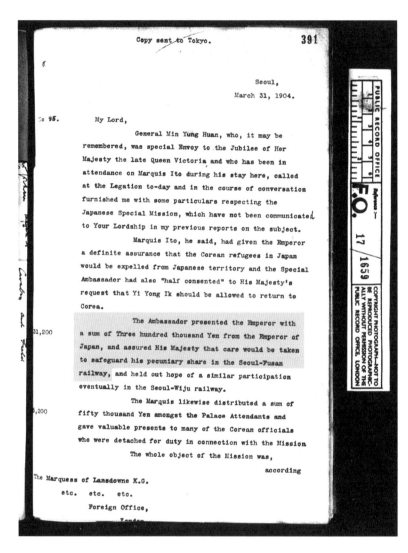

Seoul,

March 31, 1904.

No 95.   My Lord,

General Min Yung Huan, who, it may be
remembered, was special Envoy to the Jubilee of Her
Majesty the late Queen Victoria and who has been in
attendance on Marquis Ito during his stay here, called
at the Legation to-day and in the course of conversation
furnished me with some particulars respecting the
Japanese Special Mission, which have not been communicated
to Your Lordship in my previous reports on the subject.

Marquis Ito, he said, had given the Emperor
a definite assurance that the Corean refugees in Japan
would be expelled from Japanese territory and the Special
Ambassador had also "half consented" to His Majesty's
request that Yi Yong Ik should be allowed to return to
Corea.

The Ambassador presented the Emperor with
a sum of Three hundred thousand Yen from the Emperor of
Japan, and assured His Majesty that care would be taken
to safeguard his pecuniary share in the Seoul-Fusan
railway, and held out hope of a similar participation
eventually in the Seoul-Wiju railway.

The Marquis likewise distributed a sum of
fifty thousand Yen amongst the Palace Attendants and
gave valuable presents to many of the Corean officials
who were detached for duty in connection with the Mission
The whole object of the Mission was,

according

The Marquess of Lansdowne K.G.

etc.   etc.   etc.

Foreign Office,

London

1904년 「한일의정서」 체결 직후 고종이 이토 히로부미로부터 30만 엔을 받았다는 민영환 증언이 담긴 영국공사관 문서. /영국외무성 아카이브

3월 31일 접견식에 배석했던 이토 히로부미 영접위원장 민영환이 영국공사관을 방문해 공사 조던에게 이토 방문에 대해 설명했다. 위 인용은 조던이 영국 외교장관 랜스다운에게 보낸 면담 기록이다. 여기에는 일본 외교문서에 빠져 있는 고종의 경부선 지분 보장 약속까지 언급돼 있다. 이 기록까지 불신하는 독자라면 이 책은 시간 낭비이니 더 이상 읽을 필요가 없다.

30만 엔 헌납 이틀 뒤인 3월 24일 고종은 이토 히로부미에게 대한제국 최고 훈장인 금척대수장을 수여했다. 국서 봉정 이틀 뒤인 3월 20일부터 25일까지 고종은 주한 일본공사관 직원 전원과 대사 수행원 전원, 이토가 타고 온 군함 함장까지 '일본인 전원에게' 훈장을 수여했다.[252]

이토를 짝사랑한 황제

3월 25일 이토가 귀국 인사차 고종을 알현했다. 이토가 말했다. "한국이 여기저기 눈치를 보고[左視右顧·좌시우고] 애매한 방책을 택하면 한국에 이로운 방책이 될 수 없다. 러일전쟁에서 일본이 불리해진다고 한국군이 총을 일본에 돌린다면 우리는 한국을 적국으로 간주할 것이다." 협박하는 이토 앞에서 일순 분위기가 긴장됐다. 그러나 대화가 이어지고 고종이 이렇게 말했다.

황제께서 본인이 신임하는 경을 특파해주었으니 짐과 황실과 일반 신민 모두 기뻐 마지않는다. 나 또한 경을 깊이 신뢰하니 그대 보필을 깊이 기대하겠다. 수시로 와서 유익한 지도를 해주기 희망한다.*

그리고 넉 달이 지났다. 1904년 7월 21일 고종이 주한일본공사 하야시 곤스케를 급히 불렀다. 하야시 보고서에 따르면 고종은 "한국 시정 개선을 위해 이토 후작을 짐이 신뢰하니 지도를 받기 위해 그를 초대하고 싶다"고 말했다. 이에 대해 하야시는 "이토가 추밀원 의장이며 천황의 중신이라 천황의 재가가 필요하다"고 답했다. 그러자 고종은 "짐이 직접 천황에게 전보를 보내겠다"고 했다.

7월 22일 고종은 심상훈과 이지용을 일본으로 파견해 이토를 초빙하겠다는 뜻을 보였다. 다음 날 고종은 일본공사관으로 메이지 천황에게 보낼 친전親電 초안을 보내왔다. 내용은 대충 이러했다.

대한제국 황제 이희가 대일본제국 황제 폐하에게 친히 전보를 보냅니다. 저희나라[弊國·폐국]의 서정 개선은 지금이 좋은 기회에 해당합니다. 하지만 본국 신료를 비롯하여 일함에 신중하지 않는 바 아니나, 그 시행 조치함에 언제나 늦어짐이 근심됩니다. 짐은 원래부터 폐하의 중신 이토 히로부미 후작이 견식이 탁월함을 알고 올해 봄 그가 사명을 받들고 왔기에 그와 담화한 바, 짐의 뜻과

* 《일본외교문서》 37권 1책, pp.289~293, 〈3월 25일 이토 특파대사 오찬 겸 알현 시말〉, 일본외무성

깊이 합치하였습니다. 만약 이 사람을 얻어 좌우에 두고 서정을 함께 기획한다면 곧바로 개선될 것을 기할 수 있을 것입니다. 힘주어 부탁드리니, 폐하께서는 사랑을 나눠주시어[割愛·할애] 곧 이토 후작에게 명하셔서 한국에 오게끔 해 주시기를, 회신 전보를 내려주시길[賜·사] 바랍니다.*

大韓帝國皇帝李熙大日本帝國皇帝陛下ニ親電ス弊國ノ庶政改善ハ今其機會ニ當ル然ルニ本國臣僚始メヨリ事ニ愼シマザルニアラザルモ其施行措置常ニ澁滯ヲ患フ朕固ヨリ陛下ノ重臣侯爵伊藤博文ノ見識卓越ナルラ知ル今春使命ヲ奉シテ來ル共ニ談スルニ深ク朕ノ意ニ合フ若シ此ノ人ヲ得テ之レヲ左右ニ置キ庶政ヲ參畫セバ則チ改善ノ事期スヲ得ベキナリ務メテ祈ル陛下割愛卽チ候ニ命シテ韓ニ到ラシメラレンコトヲ回電ヲ賜フヲ望ム

300년 만에 튀어나온 왕의 이름

《조선왕조실록》에 왕 이름이 기록된 기사는 숙종 때인 1704년 3월 19일 《숙종실록》단 한 건이다. 왕 이름은 물론 조상 이름도 함

* 《일본외교문서》 37권 1책, pp.356~360, 〈이토 후작 한국 초빙을 위한 한국황제 친전에 관한 건〉 등, 일본외무성

부로 부르지 않는 기휘忌諱의 나라 조선이다. 그런데 이날 숙종은 창덕궁 후원에 대보단大報壇을 설치하고 명나라 마지막 황제 숭정제 의종에게 제사를 올렸다. 그 제문 시작이 '조선 국왕 신臣 이돈李焞이 감히 대명의종렬황제大明毅宗烈皇帝에게 밝게 고하나이다'였다. 이미 멸망하고 없는 사대事大 본국 명나라 최후의 황제를, 그가 죽고 60년 뒤에 제사지내면서 조선 국왕이 자기 이름을 자기 입으로 부르고 기록을 남긴 것이다.

그 1704년 이후 200년이 지난 1904년 여름, 26대 조선 국왕 이희가 일본 황제 메이지천황 무쓰히토睦仁에게 자기 이름을 걸어 이토를 보내달라고 친서를 쓴 것이다. '사랑을 나눠' '전보를 내려주시기' 바란다고 했다. 의전적인 겸양이라고 해석하는 게 마음이 편하겠지만, 그렇게 해석할 방법이 없다.[253]

친전 초안은 일본 외무대신에게 즉각 보고됐고 외무대신 고무라 주타로는 이토에게 이 사실을 통보했다.

대한제국 정부 독촉이 거듭됐지만 이토 초청은 성사되지 못했다. 대신 일본은 한 달 뒤인 8월 22일 「1차 한일협약」을 맺고 대장성 주세국장 메가타 다네타로目賀田種太郎를 재정고문으로 보냈다. 대한제국은 「한일의정서」로 국토를 넘겼고 「1차 한일협약」으로 재정권을 일본에 넘겼다. 누가 넘겼다고? 제국이? 황제가? 이희가?

1년 뒤, 다시 을사조약 그날

을사조약은 부당하며 따라서 조약을 체결한 을사오적을 죽이라고 요구하는 수많은 상소에 고종은 "번거롭게 하지 말라"고 답하고 모두 물리쳤다.

그리고 한 달 뒤 바로 그 을사오적들이 고종에게 상소문을 올렸다. '을사오적'이라는 말은 1906년 미국 교포들이 발행하는 〈공립신보〉라는 신문에서 규정한 단어다. '난망자오적難忘者五賊(잊기 어려운 다섯 도적놈)'이라는 기사에서 이 신문은 이렇게 규정했다.

난신적자가 어느 대에 없으리오만 오늘날 우리나라에 다섯 적신과 같은 자 어느 대에 있으리오. 이제 그 다섯 적신의 이름을 포고하노니 박제순, 이지용, 이근택, 권중현, 이완용 이 다섯 역대신이라. 이 오적이 우리의 나라와 이천만 동포를 원수에게 내어주었으니 우리 동포들이 죽어도 잊지 못할 자는 이 오적이더라.[254]

조약 체결 직후부터 천하의 역적으로 낙인찍힌 그 을사오적들이 올린 상소는 이러했다.

조약에 대한 죄를 정부에 돌린다면 8인에게 모두 책임이 있는 것이지 어찌 꼭 5인만이 전적으로 그 죄를 져야 한단 말입니까? 스스로 목숨을 돌볼 겨를이 없이 하였건만 허다한 백성들 속에 깨닫고 분석하는 사람은 한 사람도 없이 개 한 마리가 그림자를 보고 짖으면 모든 개가 따라 짖듯 소란을 피워 안정되는 날이 없으니 이 어찌 한심한 부분이 아니겠습니까?[255]

억울하다는 것이다. 그리고 오적은 억울한 이유를 조목조목 상소문에 적어넣었다.

신 (농상공부대신) 권중현이 "일본 황제의 친서 부본副本에는 '황실의 안녕과 존엄에 조금도 손상이 없게 하라'는 내용이 있었는데 이번 조약 내용에 여기에 대해 한 구절도 언급한 부분이 없습니다'라고 아뢰었습니다. 그래서 "부득이하여 보태거나 고치게 된다면 이것도 별도의 한 조목으로 만들어야 합니다"하니, 성상께서 "과연 그렇다. 농상공부 대신 말이 참으로 좋다"라고 하셨습니다.

하지만 신들 8인은 일제히 "그러나 신들이 물러나 일본 대사를 만나서는 의당 '불가不可'라는 두 글자로 물리칠 것입니다"하고 아뢰었습니다. 그러자 성상께서 이렇게 하교하셨습니다. "비록 그러하나 방금 전에 이미 짐의 뜻을 말하였으니 모양 좋게 조처하라."

대한제국 대신들이 연대해서 제국황제에게 '절대 조약 체결은 안 된다[不可·불가]고 하겠다'라고 결의했는데, 그 황제는 '짐의 뜻에 맞게 모양 좋게 조처하라'고 말했다. 필자가 그 자리에 있었다면 도대체 무슨 상황인가 짐작하기 어려웠을 것이다.

그리하여 대신들이 협상장에 재입장했는데, 협상이 난항을 겪자 일본측 대표 이토 히로부미가 고종 알현을 청했다. 담판을 짓겠다는 것이다. 이에 대한 설명이 상소문에 이어진다.

일본 공사가 대사를 만나 전후 상황을 자세히 설명하자 대사가 궁내부 대신 이재극에게 폐하께 알현을 청해달라고 수차에 걸쳐 요청했습니다. 이재극이 회답하여 폐하 뜻을 이렇게 전했습니다. "짐이 이미 각 대신에게 협상하여 잘 처리할 것을 허락하였고 또 짐이 지금 인후통을 앓고 있어서 접견할 수가 없다. 모름지기 모양 좋게 협상하기 바란다."

나라 운명이 달려 있는 협상인데, 갑자기 황제가 목이 아프다고 하더니 대신들이 모양 좋게 협상하기를 바란다고? 혹시 이 상소문이 위조됐거나 '약하고 착한 조선'을 상상하는 사람들 생각처럼 《고종실록》이 위조된 것은 아닐까?

그렇다면 〈황성신문〉을 본다. 1905년 11월 20일자 〈황성신문〉에는 그 유명한 논설 〈시일야방성대곡是日也放聲大哭(이날을 목놓아 우노라)〉과 함께 조약 체결 현장 르포 기사가 실려 있다. 아래는 그 일부다.

이토 대사가 이 궁내대신을 초청하여 폐하 알현을 청하는데, 마침 그때 폐하께서 인후(목구멍)가 아파 고통스러워하시므로 알현을 거절하시니, 이토 대사가 폐하에 근접해 직접 알현을 청했으나 폐하께서는 거절하시니 왈, "알현할 필요가 없으니 돌아가서 정부 대신과 협의하라"고 하유하시더라.

伊使가 李宮大를 招請ᄒ야 陛見을 請ᄒ되 適時에 陛下끠셔 咽喉
의 患候로 苦痛ᄒᆸ심으로 陛見을 謝却ᄒ신디 伊使가 天陛咫尺에
셔 奏請謁見ᄒ되 陛下끠셔 拒絶ᄒ사 曰 不必要見이오 出去ᄒ야
政府大臣과 協議ᄒ라 下諭ᄒ신디[256]

상소문에 적힌 내용보다 〈황성신문〉 기사가 더 자세하다. 거절당
한 이토 히로부미가 직접 가까이 가서 고종에게 알현을 청했더니
고종은 인후통을 핑계로 재차 거절하고 대신들과 협의하라고 명했
다는 것이다.

절체절명의 위기에서, 고종은 그렇게 모든 책임을 대신들에게 미
뤄버렸다. '내가 내린 명이 있으니 이에 맞게 모양 좋게'라는 조건을
달고서. 다름 아닌 〈황성신문〉 기자가 전하는 그날 이야기다.

오적들의 상소문은 이렇게 끝난다. '신들이 벼슬을 지내며 죽음
으로 극력 간쟁하지 않았으니 신하 본분에 비추어볼 때 변명할 바
가 있겠습니까? 그러나 탄핵하는 사람들이 이 조약의 이면을 따지
지 않고 그날 밤 사정도 모르면서 대뜸 신 등 5인을 나라를 팔아먹
은 역적이라고 하는데 이것은 크게 잘못된 것입니다.' 고종은 이렇
게 답했다. "다 같이 힘을 합쳐서 해나가야 될 터이니 경들은 각기
한층 더 노력함으로써 속히 타개할 계책을 도모하라."

왜 을사오적에게 쩔쩔 맸을까. 왜 이들을 처단하라는 상소문을
왜 그렇게 귀찮아했을까.

재현된 금전 거래와 재연된 짝사랑

을사조약을 전후해 1년 8개월 전 「한일의정서」 체결 당시와 유사한 풍경이 고스란히 재현됐다. 조약 체결 이틀 전인 11월 15일 고종은 방한한 일본 사절단에게 훈장을 수여했다. 육군중장 이노우에 요시토모부터 해군 군의관 오카다 고가네마루까지 모두 65명이었다.[257]

조약 체결 엿새 전인 11월 11일 일본공사 하야시 곤스케는 일본 외무성 기밀 제119호에 의거해 기밀비 6만 1,000원을 집행했다. 기밀비는 '궁중 내탕금이 궁핍한' **고종에게 이토 접대비 명목으로 2만원**, 조약 관련 궁내 인사들에게 4만 1,000원이 나눠서 지급됐다.[258] 5년 뒤인 1910년 당시 중산층인 서울 숙련 목수 연봉은 200원이었다.[259]

조약이 체결되고 11일이 지난 그달 28일 이토 히로부미가 귀국 인사차 고종을 알현했다. 고종이 이토에게 이렇게 말했다.

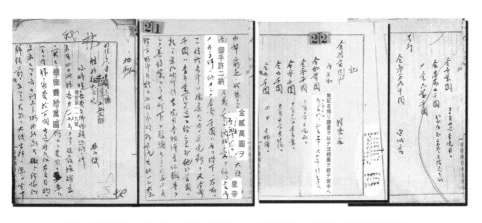

고종을 비롯한 궁중 대신에게 뇌물을 지급했다는 일본공사관 기밀문서. / 국사편찬위원회

"실로 우리나라를 위해 경의 재량에 기대하는 바가 있다. 경은 지금 수염이 반백이다. 오직 국사에 매진한 결과가 아닌가. 이제 일본 정치는 후임 정치가에게 맡기고, 남아 있는 검은 수염으로 힘써 짐을 보필해 달라. 그 수염이 희게 되면 우리나라에 한 위대한 공헌이 성공을 기대할 수 있을 것이다." 이토 히로부미는 '미소를 띠며' 불가하다고 대답했다.[260] 이토는 다음 날 귀국했다.

정치학자 한상일은 "고종의 의도가 무엇인지 가늠할 수 없다"라고 했다.[261] 사학자 신복룡은 "망국의 군주가 침략의 수괴 앞에서 할 말인가"라고 물었다.[262]

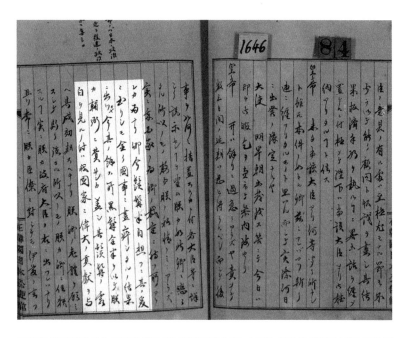

1905년 을사조약 직후 고종이 이토 히로부미에게 "남은 수염이 희게 될 때까지 나를 위해 일해달라"고 부탁했다는 당시 일본공사관 기록. / 국사편찬위원회

학자라는 신중한 직업을 가진 분들이기에 최대한 감정과 추론을 배제한 평가를 했다. 하지만 필자 판단은 단순하고 명확하다. 매국노는 '고종'이다. 고종이 팔았으니까, 그 관리를 구매자 이토에게 맡긴 것이다. 억울한 건 매매 실무자인 을사오적들이고.

이토가 한국을 떠난 다음 날 민영환이 자결했다. 이틀 뒤 민영환과 함께 연명 상소했던 조병세가 자결했다.[263]

꺼지지 않은 향화香火, 보존된 재산

1909년 7월 6일 초대 통감 이토 히로부미가 일본으로 돌아가며 고종을 알현했다. 고종은 1907년 헤이그 밀사 사건으로 강제 퇴위되고 덕수궁에 살고 있었다. 비가 내렸다. 고종이 人(인), 新(신), 春(춘) 세 자를 운韻으로 내리고 통감 이토와 부통감 소네 아라스케曾禰荒助, 궁내대신 비서관 모리 오노리森大來, 대한제국 내각대신 이완용이 시를 썼다.

단비가 처음 내려 만인을 적셔주니
[甘雨初來霑萬人·감우초래점만인](이토)
함녕전 위 이슬 빛이 새롭다.
[咸寧殿上露華新·함녕전상로화신](모리)
부상(일본)과 근역(한국)을 어찌 다르다 하리오.
[扶桑槿域何論態·부상근역하론태](소네)

두 땅이 하나 되니 천하가 봄이로다.

[兩地一家天下春·양지일가천하춘](이완용)

'雨', '露', '霑' 같은 글자는 임금의 은총이 비처럼 내리고 이슬처럼 내리고 대지를 적신다는 뜻이다. 천황의 은혜를 뜻한다. 1935년 덕수궁 정관헌 옆에 이 시를 새긴 비석이 건립됐다. 비석 뒷면에는 '태황제께서 크게 기뻐하였다[大加嘉賞·대가가상]'라고 적혀 있었다.[264] 나라 땅이 군화 자국으로 도배되던 순간 이토 히로부미를 비스마르크에 비견하던, 충신들이 자결하며 상소를 올릴 때 검은 수염을 자기를 위해 써달라고 부탁하던 황제가 저렇게 크게 기뻐하였다. 비석은 해방 후 땅에 묻혔다.

1910년 7월 23일 일본 육군대신 데라우치 마사타케가 3대 조선 통감으로 부임했다. 8월 16일 대한제국 내각총리대신 이완용이 일본어에 능한 농상무대신 조중응을 데리고 쌍두마차를 타고 통감 관저를 방문했다. 그리고 8월 22일 오전 이완용과 데라우치가 마련한 조약안이 대한제국 어전회의에 통과됐다. 그날 오후 이완용이 데라우치를 찾아가 조약에 도장을 찍었다.

종묘宗廟는 사라지지 않았다. 순종은 죽을 때까지 종묘를 찾아 조상에게 예를 올렸다. 조선 종묘사직의 향불은 일본 황실이 해체되는 1945년까지 끊어지지 않았다.

사직社稷도 사라지지 않았다. 사직은 토지 신과 곡식의 신이다. 왕실을 받쳐주는 그 재산이 그대로 보전됐다. 병합과 함께 대한제국 황실은 이왕가李王家라는 명칭으로 순종의 직계는 천황가의 일원인 왕족, 그 형제들은 공족으로 대우받았다. 옛 궁내부를 대신한 이왕직李王職이 왕공족 재산과 신분을 관리했다. 일본 황족에 준하는 신분으로, 일본 왕족보다 높았다.[265]

나라가 사라지고 7년이 지난 1917년 6월 8일 옛 제국 황제는 바다를 건너 식민 본국 일본으로 가서 천황을 알현했다. 이를 위해 순종은 5월 9일 전주 이씨 왕실 본궁인 함경도 함흥으로 참배를 떠났다. 함흥은 이성계가 조선을 창건할 때 뿌리가 된 본향이었다. 본궁 참배는 역대 조선 국왕 그 누구도 거둥하지 않은 일이었다. 황제에서 이왕으로 격하됐지만 제사 형식은 대한제국시대 그대로였다.[266]

1917년 6월 14일 융희제 순종, 아니 창덕궁 이왕은 도쿄에서 당시 천황 다이쇼大正를 알현했다. 배석했던 전 대한제국 궁내부 사무관 곤도 시로스케權藤四郎介에 따르면 '덕담이 오가고 이왕전하는 다시 절을 하고 물러났다.'[267]

망국시대 풍경은 그랬다. 나라가 사라지고 없는데 왕은 그대로 있고 그 왕은 500년 왕조사에 전무후무한 민정시찰을 하는가 하면 마침내 식민본국 천황에게 머리를 조아리는 치욕적인 풍경까지 연출했다. 그리고 그 군주와 가족들은 옛 궁궐에서 안락하게 살았다. 고종 덕분이다.

매국노 중의 매국노 이완용, "내가 어찌 여기에 동참을"

그리고 이완용 덕분이다. 병합을 두고 담판을 벌일 때, 통감부 외사국장 고마쓰 미도리小松綠에 따르면 데라우치는 황제 순종을 '대공大公(왕보다 아래인 유럽식 제후)'으로 격하시키려 했다. 이완용은 "중국에 조공할 때도 왕王 호칭은 유지했다"고 반대했다. 데라우치는 본국 문의를 거쳐 이를 승인했다.[*]

1919년 고종이 죽었다. 3.1만세운동이 벌어졌다. 만세운동을 주도한 사람은 천도교 교주 손병희였다. 손병희는 민족대표를 여러 경로를 통해 섭외하고 있었다. 섭외 대상에는 뜻밖에도 이완용도 포함돼 있었다. 다음은 당시 천도교대종사경리였던 손병희 비서 이병헌이 1969년 만세운동 60주년을 맞아 생존해 있는 당사자들과 함께 〈중앙일보〉에 밝힌 증언이다.

> 구한말 대신급으로 한규설, 박영효, 윤용구, 이완용에게 교섭이 있었던 것은 사실입니다. 박영효에게 의암 선생이 가실 때 나도 함께 따라갔는데 그 뜻을 설명하니까 "일본이 헌법을 고치게 되니까 우리도 참정권을 갖게 된다"는 대답이어서 손 선생님은 아무 말 않고 작별도 없이 나와 버렸었죠. 이완용에게 그의 당질 이회구가 교섭 갈 때도 함께 갔죠. 취지서를 보이니까 검다 희단 말 없이 그걸 쥔 채 안으로 들어가잖아요? 난 등에서 식은땀이 났습

[*] 고마쓰 미도리小松綠, 《명치외교비화明治外交秘話》, 原書房(도쿄), 1976, pp.283~287

니다. 괜히 일 당하는구나. 그런데 커피를 들고 들어오더니 "합방 조인에 도장 찍은 내가 여기에 도장 찍는다고 누가 믿겠느냐"면서 사양하더군요. 매국노지만 더 고발은 하지 않았습니다.*

왜 고종은 그렇게 이토 히로부미에 집착했는가. 왜 고종은 위기 때마다 돈을 받았는가. 왜 고종은 을사오적 처단 상소를 배척했는가. 왜 식민시대 이씨 왕실 종묘는 향불이 끊어지지 않았고 왜 왕실 재산은 처분되지 않았는가. 왜 손병희는 이완용을 민족대표로 섭외했고 왜 이완용은 이를 거절했는가. 이 모든 '왜'의 답에 진실이 숨어 있다.

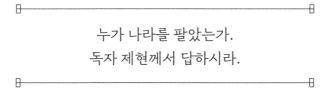

누가 나라를 팔았는가.
독자 제현께서 답하시라.

* 1969년 3월 1일 〈중앙일보〉 '그 사람들 만세를 증명한다-삼일운동 당사자 좌담'

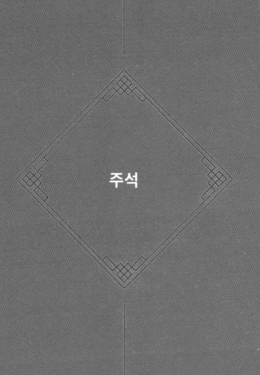

주석

1장

청와대가 천하 명당이라고?

1   2022년 5월 31일 「매일경제」

2   2022년 5월 6일 「한국일보」

3   2022년 4월 13일 「중앙일보」

4   1990년 2월 23일 「경향신문」

5   1990년 2월 23일 「경향신문」

6   1997년 12월 11일 「동아일보」

7   1990년 10월 29일 「서울신문」

8   1865년 4월 2일, 5월 4일 『고종실록』, 『승정원일기』 등

9   송근수, 『용호한록』 3, 853. 「수진보작도」, 국사편찬위원회

10   1865년 5월 4일 『고종실록』, 『승정원일기』

2장

풍수지리로 조선 수도 한성을 만들었다고?

11   김선웅, 「세종광장 조성방안」, 『세종광장 조성방안과 관광 활성화 방향 학술자료집』,
     서울시정개발연구원, 2006, p. 8

12   국토교통부, 「국가상징거리 조성사업 사전기획 연구 요약문」, 2009, pp. 7~8

13   1417년 6월 1일 『태종실록』

14   같은 해 12월 15일 『태종실록』

15   1394년 8월 24일 『태조실록』

16   1404년 10월 4일 『태종실록』

17   1393년 2월 11일 『태조실록』

18   1394년 8월 12일 『태조실록』

19   같은 해 8월 13일 『태조실록』

20   1395년 6월 6일 『태조실록』

21   1404년 10월 4일 『태종실록』

22   같은 해 10월 6일 『태종실록』

23   이태진, 「한양 천도와 풍수설의 패퇴」, 『한국사 시민강좌』 14, 일조각, 1994

24   이상 김백영, 「상징공간의 변용과 집합기억의 발명」, 『공간과 사회』 28집, 한국공간
      환경학회, 2007

25   김천수, 『용산기지 내 사라진 둔지미 옛 마을의 역사를 찾아서』, 용산구, 2021,
      pp. 115~117

26   신주백, 「용산과 일본군 용산 기지의 변화」, 『서울학연구』 29호, 서울시립대학교 서
      울학연구소, 2007

27   2009년 8월 25일 「경향신문」

28   승효상, 「월간 디자인」 2013년 1월호 인터뷰

3장

조선 500년 동안 광화문 앞에 월대가 있었다고?

29   1431년 7월 14일 『세종실록』

30   1431년 3월 29일 『세종실록』

31   명지대학교 한국건축문화연구소, 『경복궁 광화문 월대 및 동·서십자각 권역 복원 등
      고증조사 연구용역 보고서』, 문화재청, 2018, p. 45

32   1431년 3월 29일 『세종실록』

33   1431년 4월 18일 『세종실록』

34   명지대학교 한국건축문화연구소, 앞 보고서, p. 69

35   국립문화재연구소, 『경복궁 발굴조사 보고서』, 2011, p. 82

36   1431년 12월 10일 『세종실록』

37   1441년 8월 12일 『세종실록』

38   1545년 4월 27일 『인종실록』

39 1545년 5월 11일『인종실록』

40 1555년 7월 11일『명종실록』

41 1592년 4월 14일『선조수정실록』

42 1606년 11월 7일『선조실록』

43 신분 귀천을 막론하고 왕에게 올리는 문서.

44 1744년 9월 9일『영조실록』

45 1770년 4월 5일『영조실록』

46 『국역 경복궁 영건일기』1 1866년 3월 3일, 서울역사편찬원, 2019, p.404

47 『국역 경복궁 영건일기』2 1867년 10월 9일, 서울역사편찬원, 2019, p.334

48 서울시,『광화문광장 개선 종합기본계획』, 2018

49 「2020년도 문화재위원회 제9차 사적분과위원회 회의록」, 문화재청, 2020년 9월 9일

50 명지대학교 한국건축문화연구소, 앞 보고서, p.35

4장

일본군 말 위령비가 조선 왕실 제단이라고?

51 2020년 1월 7일 CBS「시사자키 정관용입니다」인터뷰

52 『세종실록』128권,「오례·길례 서례·단유(壇壝)」

53 『신증동국여지승람』(1486년) 제2권「비고」편 '경도(京都)'

54 『경성부사』제1권(경성부, 1934), 서울특별시시사편찬위원회, 2012, p.109

55 히라키 마코토(平木實),「조선 후기의 원구단 제사에 관하여(2)」,『조선학보』157, 천
    리대 조선학회, 2005

56 승효상,「신동아」2012년 6월호 인터뷰

57 승효상,「아드리안 구즈와 승효상 용산공원 특별대담회」2016년 11월 25일

58 승효상,「신동아」2012년 6월호 인터뷰, 재인용

59 용산학연구센터장 김천수

5장

고종이 '고종의 길'을 통해 러시아공사관으로 달아났다고?

60 2012년 1월 11일 「조선일보」 등

61 문화재청 보도자료, 「근대사의 현장, '고종의 길' 복원된다」 2016년 7월 20일

62 이에 대해서는 졸저 『매국노 고종』(와이즈맵, 2020)을 참조하기 바란다.

63 이 주장이 얼마나 허구인가에 대해서 궁금하면 역시 졸저 『매국노 고종』(와이즈맵, 2020) 일독을 권한다.

64 『2005 덕수궁 복원정비 기본계획』, 문화재청, p. 3

6장

남대문이 임진왜란 일본군 개선문이라고?

65 2005년 11월 8일 「경향신문」 등

66 参謀本部, 『日本戰史·朝鮮役』, 「本編·附記」, 偕行社(도쿄), 1924, pp. 167~168

67 마츠모토 아이쥬(松本愛重), 『豊太閤征韓秘録』 第1集 「吉野日記」, 成歡社(도쿄), 1894 , p. 7

68 김종수, 「일제강점기 문화재 법제 연구-조선 보물고적명승천연기념물보존령(1933년) 제정·시행 관련」, 『문화재』 53권 2호, 국립문화재연구원, 2020

69 일본법에는 '보물 가운데 국보로 지정한다'라고 규정돼 있고, 조선총독부 법에는 '보물로 지정한다'라고 규정돼 있다. 그러니까 '일본 국보는 보물보다 가치가 높고, 조선에서 가장 가치가 높은 문화재는 국보보다 낮은 '보물'"이라는 뜻이다.

70 오타 히데하루(太田秀春), 「일본의 식민지 조선에서의 고적 조사와 성곽 정책」, 서울대학교 국사학과 석사논문, 2003, p. 26

71 통감부시절 조선에 주둔하던 일본군 공식명칭은 '한국주차군'이었다.

72 kotobank.jp '中井錦城' 검색 및 한국사데이터베이스 '中井錦城' 검색.

73 오타 히데하루, 앞 논문, p. 28

74 나카이 긴조(中井錦城), 『조선회고록(朝鮮回顧錄)』, 糖業研究會出版部(도쿄), 1915,

　　　 p.169: 오타 논문에 인용된 일부 문장은 원문에서 추가해 필자가 재번역했다.

75　오타 히데하루, 앞 논문, p.29

76　세키노 다다시(關野貞), 『한국의 건축과 예술』, 강봉진 역, 산업도서출판공사, 1990, p.36: 류시현, 「1900~1910년대 세키노 타다시의 조선 문화 연구」, 『인문사회과학연구』 19권2호, 부경대학교 인문사회과학연구소, 2018, 재인용

77　関野貞 等, 「朝鮮建築調查略報告」 p.2, 『朝鮮藝術之研究』, 度支部建築所, 1910

78　関野貞, 앞 책, 앞 논문 pp.25~26

79　1912년 11월 6일 「조선총독부 관보」

80　오타 히데하루, 앞 논문, p.29

81　와다는 현 국보 101호인 고려시대 '원주 법천사지 지광국사탑'을 오사카로 팔아넘겼다가 조선총독 데라우치 마사타케에게 혼쭐이 난 사람이다. 후치가미는 국보 83호 '반가사유상'을 구입했다가 조선총독부에 판 사람이다.

82　『경성부사』 제2권(경성부, 1934), 서울특별시시사편찬위원회, 2013, p.649

83　1926년 7월 4일 「동아일보」

84　1926년 8월 4일 「동아일보」 '새로 등록한 고적'

85　미야자키 료코(宮崎凉子), 『未完の聖地-景福宮 宮域再編事業の100年』, 京都大學學術出版會(교토), 2020, p.294

7장
총독부가 경희궁을 없앴다고?

86　일본 도쿄 동양문고: 김정동, 『고종황제가 사랑한 정동과 덕수궁』(발언, 2004) 부록: 주북경영국공사관 육군무관 대령 브라운이 그린 「서울 서쪽구역(Seoul of Western Quarter)」 부분이다. 제작 시기는 1901년이다.

87　『Room for Diplomacy』 「1800~2010 세계 각국 영국 대사관과 영사관 건물 카탈로그(Catalogue of British embassy and consulate buildings), 1800 - 2010」: (www.roomfordiplomacy.com)의 'Korea, South: Seoul + consulates'

88 『국역 경복궁영건일기』1 1865년 8월 21일, 서울역사편찬원, 2019, p. 211

89 위 책, 같은 날.

90 1860년 9월 26일 『철종실록』

91 『慶熙宮內新起田四宮分排都量案』(奎1853): 은정태 「고종시대의 경희궁-훼철과 활용을 중심으로」, 『서울학연구』제34호, 서울시립대학교 서울학연구소, 2009, 재인용

92 1870년 4월 27일 『승정원일기』

93 『慶熙宮史の硏究』: 은정태, 앞 논문, 재인용

94 1889년 11월 14일 『승정원일기』

95 1883년 2월 21일 『고종실록』

96 1899년 6월 11일 「황성신문」: 은정태, 앞 논문 등

97 1902년 8월 16일 『고종실록』

98 『경성부사』제1권, 서울특별시시사편찬위원회, 2012

99 이규철, 「통감부 시기 황실시설의 조사와 국유화」, 『건축역사연구』vol. 22, no. 4, 통권 89호, 한국건축역사학회, 2013

100 1926년 4월 11일 「대한매일신보」

101 『경성부사』제1권, 서울특별시시사편찬위원회, 2012, pp. 375~376

8장

원나라가 고려왕을 강제로 사위로 삼았다고?

102 김운회, 『몽골은 왜 고려를 멸망시키지 않았나』, 역사의 아침, 2015, p. 45: 「고려와 몽골, 결혼동맹의 실체」

103 『고려사』「유승단 열전」

104 『고려사절요』고종 19년 1232년 6월

105 『고려사절요』고종 40년 1253년 12월

106 『고려사』고종 40년 1253년 11월 16일

107 『고려사절요』고종 41년 1254년 12월

108 『고려사절요』「박항 열전」

109 『고려사』 고종 45년 1258년 3월 26일

110 『고려사』 고종 46년 1259년 4월 21일

111 『고려사』 고종 46년 1259년 6월 10일

112 이상『고려사』 1259년 6월 기록

113 『고려사절요』 원종 1년 1260년 3월 17일

114 『원고려기사(元高麗紀事)』 1260년 세조황제 원년 6월

115 『고려사』 원종 11년 1270년 2월 4일

116 『고려사』 앞 같은 날짜

117 『고려사』 충렬왕 즉위년 1274년 8월 25일

118 이익주, 「고려·원 관계의 구조에 대한 연구-소위 '세조구제'의 분석을 중심으로」, 『한국사론』 36권0호, 서울대학교 국사학과, 1996

119 『고려사』 충선왕 즉위년 1298년 8월 18일

9장
베트남 호찌민이 《목민심서》를 읽었다고?

120 이 글은 박종인『땅의 역사』 4(상상출판, 2021) 「진실편」에서 재수록했다.

121 1925년 8월 8일 「시대일보」 '다산유적 매몰'

122 정병준, 『현앨리스와 그의 시대』, 돌베개, 2015, p.18

123 최남선, 「조선역사통속강화」(1922): 최재목, 「1930년대 조선학 운동과 실학자 정다산의 재발견」, 『다산과 현대』 5권0호, 연세대학교 강진다산실학연구원, 2012, 재인용

124 정약용, 「약암 이재의에게 보낸 편지」(국립중앙박물관 소장)

10장
추사 김정희가 명필 이광사 현판을 떼버리라고 했다고?

125 김도태, 『서재필 박사 자서전』, 을유문화사, 1972, pp.83~85

126 유홍준, 『나의 문화유산답사기: 산사순례』, 창비, 2018, pp.128~129

127 유홍준, 앞 책(2018), p.130

128 1755년 3월 6일 『영조실록』

129 이광사, 『원교집』 권7, 「망실유인문화류씨묘지명(亡室孺人文化柳氏墓誌銘)」

130 이규상(1727~1799), 『병세재언록』, 민족문학사연구소 역, 창작과비평사, 1997, p.127

131 1762년 7월 25일 『영조실록』

132 김정희, 『완당전집』 6권, 「원교필결 뒤에 쓰다(書圓嶠筆訣後·서원교필결후)」

133 1417년 5월 11일 『태종실록』, 1511년 4월 11일 『중종실록』 등

134 1778년 1월 12일 『정조실록』

135 『속대전』, 「형전」 '형신추국(刑訊推鞫)'

136 1840년 8월 23일~9월 3일 『일성록』: 석한남, 『다산과 추사, 유배를 즐기다』, 가디언, 2017, pp.99~100, 재인용

137 1840년 9월 4일 『헌종실록』

138 1840년 8월 27일 『헌종실록』

139 1672년 8월 29일 『현종실록』

140 김경숙, 「조선시대 유배형의 집행과 그 사례」, 『사학연구』 55,56호, 한국사학회, 1998

141 김정희, 『완당전집』 5권, 「초의에게 보내는 편지」 37

11장
선조가 류성룡의 반대로 명나라 망명을 단념했다고?

142 류성룡이 쓴 『징비록』을 번역하고 주해한 김시덕(아카넷, 2013)은 '내부(內附)'를 '속국이 되다'로 풀이했다.

143 1592년 5월 1일 『선조수정실록』: 『선조수정실록』은 정확한 날짜를 담은 사초 부족으로 날짜 미상인 사건은 해당 달 1일 발생사건으로 기록돼 있다. 이하 마찬가지다.

144 1592년 4월 14일 『선조수정실록』: 가마가 떠나자 난민(亂民)이 크게 일어나 (중략) 궁성 창고를 크게 노략하고 인하여 불을 질러 흔적을 없앴다. 경복궁·창덕궁·창경궁 세 궁궐이 일시에 모두 타버렸다.

145 박동량, 『기재사초(寄齋史草)』下, 「임진일록」 권1, 4월 21일

146 신명호, 「임진왜란 중 선조 직계가족의 피난과 항전」, 『군사』 81호, 국방부 군사편찬연구소, 2011

147 류성룡, 『교감 해설 징비록』, 김시덕 역, 아카넷, 2013, p.178

148 어전회의 참석자 이정귀, 『월사집 별집』 1, 「잡저」, '임진피병록'

149 앞 『교감 해설 징비록』, p.207

150 1592년 5월 1일 『선조수정실록』

151 1592년 5월 1일 『선조실록』

152 1592년 5월 1일 『선조수정실록』

153 1592년 5월 1일 『선조수정실록』

154 1592년 6월 2일 『선조실록』

155 1592년 6월 10일 『선조실록』

156 1592년 6월 13일 『선조실록』

157 실록 기록에 기초가 되는 사초가 이날 몽땅 사라졌다. 그래서 부실하기 짝이 없는 『선조실록』을 보완하고 광해군 때 여당인 북인(北人)의 친(親) 북인적 기록을 바로잡기 위해 인조 때 『선조수정실록』이 제작됐다.

158 1592년 6월 13일, 14일 『선조실록』, 1592년 6월 1일 『선조수정실록』

159 1592년 6월 18일 『선조실록』

160 1592년 6월 26일 『선조실록』

161 김영진, 『임진왜란 2년 전쟁 12년 논쟁』, 성균관대학교출판부, 2022, p.90

162 앞 『교감 해설 징비록』, pp.291~292

163 1592년 7월 11일 『선조실록』

12장

정조가 조선 학문 부흥을 이끈 왕이었다고?

164 1777년 9월 6일『일성록』

165 1786년 1월 22일『일성록』

166 1786년 1월 22일『일성록』

167 1787년 10월 10일『정조실록』

168 1792년 10월 19일『정조실록』

169 박제가,『정유각문집』1,「백탑청연집서」

170 이덕무,『청장관전서』,「아정유고」6, '이서구에게 주는 편지'

171 정약용,『다산시문집』20,「정약전에게 보내는 편지」

172 박제가, 위 글

173 박지원,『연암집』2,「연상각선본」'남공철에게 답하는 편지'

174 박종채,『과정록』2: 박희병 역,『나의 아버지 박지원』(개정판 9쇄), 돌베개, 2016,
     p. 110

175 박종채,『과정록』3(박희병, 앞 책, p. 142)

176 1791년 10월 24일『정조실록』

177 1791년 10월 24일『정조실록』

178 1791년 11월 12일『정조실록』

179 채제공,『번암선생집』57,「도산시사단비명」

180 1792년 10월 19일『정조실록』

181 1792년 12월 24일『일성록』

182 1792년 11월 3일, 8일『정조실록』

183 홍길주,「수여난필(睡餘瀾筆)」: 정민,『비슷한 것은 가짜다』, 태학사, 2020, 재인용

184 박지원,『연암집』2,「연상각선본」'이재성에게 답함'

185 박종채,『과정록』3(박희병 역, 앞 책, p. 234)

186 박종채,『과정록』4(박희병 역, 앞 책, p. 228)

187 박종채,『과정록』4,「추기」(박희병 역, 앞 책, p. 270)

13장

실학이 조선에 영향을 미쳤다고?

188 정명현 등『임원경제지, 조선 최대의 실용백과사전』, 씨앗을 뿌리는 사람, 2012, p.149 이하

189 서유구,『풍석전집』,「금화지비집」3, '금석사료서'

190 서유구,「행포지서」, 1825

191 서유구,『임원경제지』,「예규지 서문」,「섬용지」4 '공업총정리' 등: 정명현 등, 앞 책, p.426, 재인용

192 이상 정약용,『다산시문집』10,「설(說)」'종두설(種痘說)'

193 정약용, 앞 글

194 권복규 등,「정약용의 우두법 도입에 미친 천주교 세력의 영향」,『의사학』6권1호, 대한의사학회, 1997

195 서유구,『풍석전집』,「금화지비집」'낙랑칠어변': 김대중,「풍석 서유구 산문연구」, 서울대학교 국어국문학과 박사논문, 2011, p.165, 재인용

196 류시현,「1930년대 안재홍의 '조선학운동'과 민족사 서술」,『아시아문화연구』22, 가천대학교 아시아문화연구소, 2011

197 「신조선춘추」,『신조선』6호, 신조선사, 1934년 10월호: 김인식「1920년대와 1930년대 초 '조선학' 개념의 형성과정-최남선·정인보·문일평·김태준·신남철의 예」,『숭실사학』제33호, 숭실사학회, 2014, 재인용

198 『신편한국사』1,「근대과학시대」, 국사편찬위원회

199 김택영,『연암집』(중편),「박지원 연보」, 1916

200 김영진,「박지원의 필사본 소집들과 자편고 연상각집 및 그 계열본에 대하여」,『동양학』48권48호, 단국대학교 동양학연구소, 2010

201 김윤식,『운양집』10,「연암집 서문」, 1902

202 이기(李沂),『이해학유서(李海鶴遺書)』3,「문록(文錄)」1, '호남학보논설: 일부벽파론(一斧劈破論)', 1908

14장

의병장 최익현이 대마도에서 아사순국했다고?

203 1873년 11월 3일 『고종실록』

204 1876년 1월 23일 『고종실록』

205 최익현, 『면암선생문집』 20, 「지장암기(指掌嵒記)」

206 1894년 7월 1일 『고종실록』

207 1896년 양력 2월 25일 『고종실록』

208 1905년 양력 11월 29일 『고종실록』

209 『면암선생문집』, 부록 4, 「연보」

210 『면암선생문집』, 부록 4, 「연보」

211 1906년 8월 8일 「대한매일신보」

212 『통감부문서』 3, 2. 「왕래전합철」 (117) '폭도 수괴 최익현 외 10여 명 일본헌병대 이
     관 수속 건', 1906년 6월 15일

213 1909년 7월 7일 「황성신문」

214 『면암선생문집』, 부록 4, 「연보」 1907년 5월 12일

15장

'헤이그 밀사 이준 할복자살'은 〈대한매일신보〉의 가짜뉴스였다

215 1907년 7월 20일, 8월 8일 『순종실록』

216 윤병석, 『이상설전』(증보), 일조각, 1998, pp. 92~93

217 1907년 7월 17일 「만국평화회의보」

218 이완희, 『보재이상설선생전기초』: 윤병석, 앞 책, p. 96, 재인용

219 『통감부문서』 5, 1. 헤이그밀사사건 및 한일협약체결 (29) 한국 황제 밀사 이준 병사

220 이명화, 「헤이그특사가 국외 독립운동에 미친 영향」, 『한국독립운동사연구』 29집, 독
     립기념관 한국독립운동사연구소, 2007

221 1907년 7월 31일 「대한매일신보」 '평화구락부의 동정'

222 1907년 9월 5일 「대한매일신보」

223 1908년 1월 21일 「대한매일신보」

224 언론학자 정진석은 "의도적 조작이나 왜곡이라기보다는 도쿄에서 전해온 첫 전보 (외신)을 급히 호외로 보도하는 과정에서 확인절차를 제대로 거치지 않은 오보(誤報)"라고 추정했다.

225 1956년 7월 10일 「경향신문」

226 1956년 8월 3일 「경향신문」

227 이상 국사편찬위원회, 앞 보고서, pp. 32~35

228 1962년 10월 28일 「조선일보」

16장

나라는 팔렸는데 왕실은 그대로였던, 희대의 괴담

229 이왕직 편, 『배향공신록』, 한국학중앙연구원 소장

230 1928년 5월 11일 「동아일보」

231 이왕직 편, 『종묘숙직일지』 1941년 3월 12일, 한국학중앙연구원 소장

232 이상 『순종실록』

233 이상 『순종실록부록』

234 1926년 6월 11일 『순종실록부록』 「순종 황제의 행장」

235 만일 이들이 일본인이라면 황실 종묘 제사를 일본인이 주관했다는 '어마어마한' 사건 기록이 된다.

236 이 단락은 졸저 『매국노 고종』(와이즈맵, 2020), p. 326~328 내용을 재구성했다.

237 1905년 11월 17일 『고종실록』

238 1905년 11월 22일, 11월 28일 『고종실록』

239 『주한일본공사관기록』 24권, 11. 보호조약 1~3 (145)이토 대사 작별인사 차 알현 및 시정 개선에 관한 정부당국에의 훈유적 강화 건

240 정2품 박기양, 1905년 11월 21일『고종실록』

241 법부 주사 안병찬, 1905년 11월 25일『고종실록』

242 특진관 조병세 등, 1905년 11월 26일『고종실록』

243 시종부 무관장 민영환 등, 1905년 11월 28일『고종실록』

244 의정부 참찬 이상설(훗날 헤이그밀사), 1905년 11월 23일「대한매일신보」

245 정3품 윤병수, 1905년 11월 26일『고종실록』

246 전 내부주사 노봉수, 1905년 11월 28일『고종실록』

247 1905년 11월 27일『고종실록』

248 『주한일본공사관기록』18권, 12. 한일의정서 (16)한일밀약 체결 예상 및 한정 회유 상황 등 보고 건

249 앞 책, (20)한일밀약 체결안 협의진행과정 보고 건

250 『각사등록 근대편』,「연도각군안(沿途各郡案)」5, '훈령 제1호', 1904년 2월 12일 '일본군대 통과할 때 요구사항 제공할 것', 국사편찬위원회

251 『각사등록 근대편』,「한성부래거안(漢城府來去案)」1, 훈령 제1호, 1904년 2월 21일 '매일 일본 북진군 군수품을 수송할 인부가 600명씩 필요하므로 모집하여 지체 없이 할 것', 국사편찬위원회

252 1904년 3월 20~25일『고종실록』

253 고종 본명은 기록마다 상이하다. 친전 초안에는 '李㷗(이희)'로 적혀 있지만『고종실록』총서에는 '㷜(희)'로,『순종실록부록』「고종황제 행장」(1919년 3월 4일)에는 '熙(희)'로 기록돼 있다.

254 1906년 3월 12일「공립신보」'난망자오적'

255 1905년 12월 16일『고종실록』

256 1905년 11월 20일「황성신문」'오건조약청체전말(五件條約請締顚末)'

257 1905년 11월 15일『고종실록』

258 『주한일본공사관기록』24권, 11. 보호조약 1~3 (195)임시 기밀비 지불 잔액 반납의 건

259 김낙년 등 4명,『한국의 장기통계』1, 해남, 2018, p.191

260 『주한일본공사관기록』25권, 7. 한국봉사기록 (2)한국파견대사 이토의 복명서

261 한상일,『이토 히로부미와 대한제국』, 까치글방, 2015, p.251

262 신복룡, 『한국사에서의 전쟁과 평화』 2, 선인, 2021, p.536

263 1905년 11월 30일, 12월 1일 『고종실록』

264 오다 쇼고(小田省吾), 『덕수궁사(德壽宮史)』, 이왕직, 1938, pp.73~74

265 이왕무, 「대한제국 황실의 분해와 왕공족의 탄생」, 『한국사학보』 64호, 고려사학회, 2016

266 이왕무, 「대한제국기 순종의 남순행 연구」, 『정신문화연구』 30권 2호, 한국학중앙연구원, 2007

267 곤도 시로스케, 『대한제국 황실 비사』, 이언숙 역, 이마고, 2007, p.200

광화문 괴담

초판 1쇄 발행 2022년 10월 15일
초판 3쇄 발행 2022년 11월 10일

지은이 | 박종인

발행인 | 유영준
편집팀 | 오향림, 한주희
디자인 | 김윤남
인쇄 | 두성P&L
발행처 | 와이즈맵
출판신고 | 제2017-000130호(2017년 1월 11일)

주소 | 서울 강남구 봉은사로16길 14, 나우빌딩 4층 쉐어원오피스 (우편번호 06124)
전화 | (02)554-2948
팩스 | (02)554-2949
홈페이지 | www.wisemap.co.kr

ⓒ박종인, 2022
ISBN 979-11-89328-98-6 (03910)